创造性课堂

The Creative Classroom
Innovative Teaching for
21st-Century Learners

为了 21 世纪
学习者的创新教学

[美] 基思·索耶 著
Keith Sawyer

柴少明 译

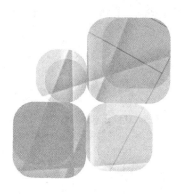

华东师范大学出版社
·上海·

图书在版编目（CIP）数据

创造性课堂：为了21世纪学习者的创新教学／（美）索耶著；柴少明译.—上海：华东师范大学出版社，2022

ISBN 978-7-5760-2874-4

Ⅰ.①创… Ⅱ.①索… ②柴… Ⅲ.①课堂教学—教学研究 Ⅳ.①G424.21

中国版本图书馆CIP数据核字（2022）第182472号

The Creative Classroom: Innovative Teaching for 21st - Century Learners by Keith Sawyer
Copyright©2019 by Teachers College, Columbia University
First published by Teachers College Press, Teachers College, Columbia University, New York, New York, USA.
Simplified Chinese translation copyright©2022 by East China Normal University Press Ltd.
All Rights Reserved.

上海市版权局著作权合同登记　图字：09-2022-0190号

创造性课堂
——为了21世纪学习者的创新教学

著　　者　［美］基思·索耶
译　　者　柴少明
责任编辑　王丹丹
责任校对　刘伟敏
装帧设计　刘怡霖

出版发行　华东师范大学出版社
社　　址　上海市中山北路3663号　邮编 200062
网　　址　www.ecnupress.com.cn
电　　话　021-60821666　行政传真 021-62572105
客服电话　021-62865537　门市（邮购）电话 021-62869887
地　　址　上海市中山北路3663号华东师范大学校内先锋路口
网　　店　http://hdsdcbs.tmall.com

印　刷　者　常熟市文化印刷有限公司
开　　本　787毫米×1092毫米　1/16
印　　张　12.5
字　　数　130千字
版　　次　2022年11月第1版
印　　次　2022年11月第1次
书　　号　ISBN 978-7-5760-2874-4
定　　价　39.00元

出　版　人　王　焰

（如发现本版图书有印订质量问题，请寄回本社客服中心调换或电话021-62865537联系）

译者序

随着人类社会进入智能时代,越来越多的重复性、机械性的工作已经由机器人来完成,因此智能社会更需要具有创造力的人才,创造力成为顺应时代发展的必备能力,也是学习者最重要的竞争力要素之一。培养学生的创造力成为人工智能时代教育的主要目标。

毋庸置疑,现在不少学校的教学仍然采用传统的讲授式教学,即注重知识的传递,其主要目标是培养学生的识记、理解以及应用能力,而忽视了学生创造力的培养。有人认为基础教育阶段更重要的是让学生掌握基础知识和基本技能,创造力应当在大学甚至研究生阶段培养。但学习科学的研究表明,小学甚至幼儿园阶段也可以有效地培养学习者的创造力。2012年联合国教科文组织发布的《作为学习结果的核心素养草案:幼儿、小学和中学》提出创造力是各个阶段学习者都应该具备的能力。2018年欧盟发布的终身学习素养框架将主动和创造力纳入八大核心素养。美国21世纪学习合作组织提出的学习者在21世纪需要掌握的最重要、最关键的4C能力,其中之一就是创造力。世界经济论坛(World Economic Forum)于2020年1月发布了一份题为《未来学校:为第四次工业革命定义新的教育模式》的报告,提出了"教育4.0"的全球框架,包含八个关键特征,创新创造技能就是其中之一。我国 2016 年发布的《中国学生发展核心素养》提出了六大核心素养，其中就包括实践创新能力。新时代培养学生的创造力应该是各级各类学校的主要目标之一，也是我国教育强国、科技兴国战略的必然要求。

在学校特别是在课堂教学中如何培养学生的创造力是一个重要的课题。美国学习科学和创造力研究专家基思·索耶教授，致力于研究如何在课堂以及课外非正式场所培养学生的创造力，探讨如何将学习科学的研究成果与创造力培养结合在一起，以此得出一些关于如何设计学习环境以培养更具创造力的学生的研究成果。他本人具有跨学科学习和研究背景，从事爵士钢琴演奏 30 多年，并在芝加哥即兴剧团演奏了数年钢琴。他从即兴剧团的即兴创作表演中受到启发，并在萨凡纳艺术设计学院和华盛顿大学的艺术与设计学院两个研究基地开展实践，探讨在课堂以及非正式情境下如何通过即兴来培养学生的创造力。本书就是他结合学科学习理论、即兴创造实践以及学校教育教学的实践研究的成果。

本书首先从学习科学的视角提出，传统的讲授主义教学只能帮助学生记忆和掌握一些基础的事实、程序，这些都属于浅层性知识，学生在新的复杂情境下无法灵活进行迁移和运用，不能有效地解决真实的复杂情境中的问题，因而达不到培养学习者创造力的目标。索耶提出，要培养学生的创造力，教师需要教授学生创造性知识，指导学生进行深层次学习。在这里，索耶提出一个重要的思想，就是创造力不是普适的，而是具有学科性的，即在一个学科中学到的创造力，并不意味着学习者能在另一个学科中进行创造。这就要求在学科教学中教师教授该学科的创造性知识，这些创造性知识包括大概念、大观点以及主要概念、观点之间的联系，这与我国基础教育提出的培养学生核心素养的大概念、大观点教学要求是一致的。他还提出，每一门学科都需要创造性教学，因此要将创造力融入到学校的每一门学科当中。对于教师来说，如何识别、理解创造性知识，并将创造性知识融入到教学的各个环节中，从而培养学生的创造力，是其要思考的核心问题。

如何在课堂的学科教学中培养学生的创造力？索耶提出了引导性即兴的教学方法。他指出，引导性即兴是建构主义和社会文化学习理论的实践应用。大量研究表明，学生积极参与课堂并建构他们自己的知识的时候，学习创造性知识的效率最高。学生无法在讲授主义下的可预见性和线性固定程序教学中学习创造性知识，学生必须在开放式的即兴教学中来建构知识。有经验的教师比新手教师更倾向于使用引导性即兴的教学策略。

那么教师如何在课堂中运用即兴教学？如何支持和帮助学生学习即兴？索耶提出了一系列操作性较强的即兴技巧，指出教师要打破即兴规则，制定引导性的即兴教学计划，在课堂中平衡好固定程序与即兴发挥的关系等。即兴教学课堂是灵活的、建构性的和不可预测的，教师要创造问题情境，要提供即兴学习的资源和工具，支持和引导学生进行协作即兴。但这并不意味着即兴教学没有规则，没有一定的程序。要使即兴教学富有成效，教师需要设计有效的脚本或支架来支持和帮助学生进行即兴的创造性学习。同时，教师还需要在课堂教学中处理好支架和脚本与即兴发挥的关系，索耶称之为教学悖论。他在书中结合具体的案例给出了一些化解教学悖论的方法和策略，对教师开展引导性的即兴教学具有重要的指导意义。

创造性课堂的主体是学生和教师，但要培养学生的创造力，需要形成一种创造型学校的文化。如果学校领导的思维不转变，学校对教师和学生的评价与考核机制不改变，学校的组织结构不改变，就不能有效地支持教师开展创造性教学。这就要求学校领导把建设创造型学校作为新的目标，改革评价的内容和方式，对学生的评价不能停留在浅层知识上，考试的形式也不能只是单纯的纸笔作答，而要通过形式多样的考试来评价学生的协作能力、交流能力和复杂问题解决能力，考核学生的批判性思维、创造性思维等高阶思维。学校的组织以及教师专业发展计划要"支持教师之间灵活协作，甚至进行跨学科协作、多样化的课堂设计，以及支持教师制定引导性即兴教学的每日时间计划表"。学校以及各级教育部门只有进行系统的、全方位的和深层次的改革，才能适应和实现培养学生创造力这一最终目标。

我有幸于2010年在香港大学与索耶教授相识，与他交流探讨了学习科学的相关研究问题，并就学习者如何从知识获取到知识创新这一主题访谈了他，访谈的成果发表在《中国电化教育》杂志上（2011年第5期）。2011年7月在香港大学举行的计算机支持的协作学习国际大会（CSCL）上，我又有机会向他请教有关创造力培养的研究与实践。他主持编写的《剑桥学习科学手册》的中文版由教育科学出版社出版，在国内产生了广泛的影响。本书的翻译也得到了索耶教授的支持,在翻译过程中我们就一些重要的概念和术语的翻译通过邮件进行了讨论,他给出了很好的建议。得知该书中文版即将出版,他还欣然应允,为中文版作序,在此特别致谢。

要特别感谢华东师范大学出版社教育心理分社彭呈军社长的大力支持,从书的版权取得、翻译指导以及排版等,彭社长都给予了耐心、专业和详尽的指导,没有他的支持,本书就不会这么快和读者见面。

我的研究生陈佳艺、曹冰雪两位同学参与了本书的部分翻译和校对,展示了良好的专业素养,并能做到一丝不苟,精益求精,在此一并致谢。

希望这本译著的出版对我国高等教育和基础教育培养学生创造力具有积极的推动意义,能让更多的教育研究者和工作者受益——特别是一线教师和学生。诚望译著所提出的研究发现和提供的教学建议能对教育教学,特别是课堂教学质量的提升,培养学生的创造力有所帮助。

限于译者的学识,翻译中恐有疏漏和不当之处,恳请读者批评指正,以便修订和完善。

中译本序

基思·索耶

非常荣幸我的书将被翻译成中文并出版。尽管我是在美国完成了这本书的写作，但本书的经验是普遍适用的，因为最有效的教学和学习是超越边界的。所有人都有能力在高水平上学习，所有人也都有能力学会创造。不幸的是，学生通常所经历的教学方法并不能培养他们的创造力。如果你要求学生记住很多东西，并以他们记住了多少东西来测试他们，那么学生就不会有创造力。但是，当你教给学生更深层的概念性知识时，他们会更好地准备以创造性的方式使用这些知识。在创造性课堂上，学生学习更深层次的概念性知识，他们并不仅仅是记忆浅层的知识。只要你致力于教授深层的理解性知识，创造性教学和学科领域知识教学之间就不会冲突。有人认为创造力只与艺术有关，而科学和数学等学科不需要创造力，这是一种误解。当今的经济、科学和工程的成功取决于创造力，而创造力又取决于对学科的深度理解。

教师要成为更有创造力的教师，最重要的一步是减少课堂上的结构（structure）数量，我用"结构"这个词来比喻。在日常英语中，"结构"通常指的是建筑物，房屋或办公大楼可以称为结构，手机信号塔也可以称为结构。当该术语用于隐喻时，它意味着不变且难以修改的东西。从所有这些例子中，你可以看到结构是僵硬的、不灵活的、不可弯曲的。以结构化的方式教学意味着，例如，每个月和每周都使用严格的课程计划。在结构化教学中，每天都有精心设计的日程安排，教师不会放弃他们的计划。教师经常在课堂上使用书面或"编好的脚本"（scripted）授课。"脚本"是戏剧中的一个术语，它指的是剧作家写在纸上的文字。舞台演员记住剧本的脚本，并在舞台上准确地说出这些话，这被称为剧本表演，大多数戏剧的表演都是有剧本的。

然而，创造性教学更像是即兴戏剧（improvisation theater），在美国通常被称为"improv theater"。即兴戏剧是一种相对较新的表演类型。在20世纪50年代的美国，一些创新的剧团在没有脚本的情况下就开始上台表演。在这种类型的表演中，舞台上总是有两个或两个以上的演员，演员之间进行完全即兴的对话。这是一种合奏表演，而不是独奏表演，演员不使用剧本。当时，几乎在美国的每个大城市都有即兴戏剧。即兴戏剧往往在小剧院演出，只有50或100名观众，不像脚本剧那么受欢迎。但即兴戏剧在专业演员中广受推崇，包括最著名的电视剧和电影明星，许多最著名的演员在他们职业生涯的早期都表演过即兴戏剧。

这就是贯穿这本书的张力（tension）——两边之间的冲突，一边是结构和脚本，另一边是自由和即兴。本书展示了如何通过一种我称之为引导性即兴的教学法来解决这种冲突关系。为了培养学生的创造力，教师需要成为优秀的即兴表演者。他们需要能够在当下采取行动，修改他们的计划，充分利用发生的意外情况，将课堂带入一个新的方向。

但是，有创造力的教师并不是独自表演，好像他们是舞台上唯一的演员。即兴戏剧是一种合奏艺术——两个或多个演员一起即兴创作。创造性教学也是一种合奏艺术，因为它需要你和你的学生一起即兴地表演。如果只有你一个人在讲话，而学生是被动的和沉默的，那就不是创造性教学。当学生在课堂上积极参与时，他们的学习效果最好。他们必须互相交谈，并与教师交谈。他们所说的不能是脚本；他们必须有机会即兴发挥，创造他们所说和所做的事情。如果教师是唯一在说话的人，这不是创造性的课堂。即使教师很出色，讲得很好，也不会引导学生学会创造性学习。听课的人可能会对教师引人入胜的讲话方式和娱乐学生的能力印象深刻。但是，如果学生只是静静地坐着听讲，他们就没有在学习创造力。创造性的课堂应该是学生和教师一起即兴发挥。教师不是完全控制课堂，课堂上会发生许多意想不到的事情。

但与此同时，教师必须有一个计划和日程安排。如果课堂完全是即兴的，事先没有任何计划或结构的构想，学生也不能有效地学习。这样的课堂将会是混乱的。一个好教师总是会展示给学生一个预期的学习结果，换句话说，这些是创造性课堂的"结构元素"（structuring elements）。创造性教学需要计划，教师心中必须每天要有一个目标。但是，大多数教师的课堂上有太多的结构了，这就使得学生不能即兴发挥，因而不能有效地学习。本书的目的是向你展示如何平衡结构和即兴，以便学生在学习内容领域知识的同时学会创造性，我将这种教学法称为"引导性即兴"，并在第三章和第四章中做了详细叙述。

在第五章，我描述了几种最有效地支持教师进行"引导性即兴"教学的学校领导和组织设计的类型。在管理和商业中，"组织结构"是指角色、人员与职责之间的正式汇报和工作关系。等级组织结构是一种自上而下的结构，每个人都向层级结构中的上级经理汇报。自20世纪50年代以来，"结构"一词在管理学术界中一直这样使用，现在仍被广泛使用，等级制的组织通常没有很强的创新性。在创新性组织中，领导力往往分布在许多不同的人身上，且组织结构灵活。个人之间的关系也可能是灵活的，可能会从一个项目转换到另一个项目。几十年来我们已经知道，更开放的组织结构才更有可能带来创新，这种说法在20世纪60年代首次得到证明，此后也反复得到证明。随着经济变得更加知识化和信息化，等级结构向灵活结构的过渡变得更加重要。管理学者将更具创新性的组织比作即兴团体，这是一个独立于教育研究的学术领域，但研究结果是相同的——无论是在课堂上还是在企业中，即兴发挥都与创造力紧密相连。这也是我2007年出版的 *Group Genius*（《天才团队》，有中译本）一书中的一个主要主题——创新组织具有更加即兴和灵活的结构。

除了像学校和企业这样的组织，所有社会都有不像公司那样的社会团体，这些社会团体包括社区、小村庄或教堂。这些更"非正式"的社会团体从来没有像正式企业那样结构化，它们是相对结构化的，但大多数时候它们更加开放和灵活。一个人正在找一份新工作，他们通常会利用他们的社交和职业网络的"结构"。"社交结构"是通过链接相互联系的一群人，美国的应用程序"LinkedIn"旨在帮助人们将其专业网络作为一种结构来管理。"系统"一词也是社交网络的一个常见隐喻。事实上，"结构"和"系统"在英语中用作隐喻时通常是同义词。你的职业同事的社交网络形成了一个结构，它是一个灵活的结构，而不是像军事单位那样的等级制度。

谈到社会团体，我用"结构"来表示一套固定和僵化的角色、关系和互动方式。这个团体可能有一个正式的领导者，他们的权力和权威的关系被清晰明确地定义了。比如一个小型军事单位就有这种类型的结构。有时，教堂也有这种结构，牧师是权威人物。相比之下，如果成员的角色是不固定的，没有成员是正式的负责人，成员之间的地位关系根据情况而变化，那就是一种结构性较松散的团体，个体在这种组织中的经历就会更具有即兴的属性。

一个僵化的、有等级制度的学校是不可能成为一个创造性的学校的。在创造性的学校里，权威和工作者的角色不那么明显，权威和权力的关系是不断变化的，而且在经常变化。工作者之间的关系不仅仅是自上而下的，而是多方向的。教师参与领导和决策，通过协作作出重要的决策，并且教师有权决定采用合适的教学法。如果教师无法掌控他们的课堂，那么他们当然就无法即兴教学。一个人要想即兴，必须有作出自己选择的自由。在创造性的学校中，固定程序和政策的执行变得不那么严格，教师能够灵活参与引导性即兴教学。教师被视为训练有素的专业人士，应该得到尊重，并拥有自主权。

创造性课堂就像一个非结构化的、非正式的社会团体。它与传统学校非常不同。在传统学校里,教师的角色是明确定义的;学生的角色也是明确定义的;两者之间的地位关系也是明确的。在传统学校里,一切通常都有书面的明确规定,每个人都知道他们应该做什么。传统学校是一个僵化的组织结构,不会培养出有创造力的学生。在这种结构化的学校中,课堂上的过程和互动模式通常是高度脚本化的,有一套有限的互动序列,并反复出现。这些重复的序列就是"脚本",它们虽然没有被记录下来,但每个人都知道它们是什么。

相反,在创造性的课堂上,教师的角色是不断变化的。教师并不总是掌权的专制角色,所有学生共同控制课堂的流程——当然,还需要在教师的引导下进行。这就是为什么我将创造性教学称为"引导性即兴",这种引导比脚本或结构更松散、更自由。创造性的课堂不需要僵硬的结构引导,但还是需要一些结构引导,如果没有任何结构,课堂就会一片混乱,学生也学不到很多知识。教师的角色是通过引导学生即兴,从而引导学生学习。即使课堂的互动是有引导的,但仍然存在一个不确定的结果,教师无法预测未来五分钟或十分钟会发生什么。教师必须不断了解即兴互动的发展情况,因为教师引导学生即兴互动的性质会随时发生变化。

这种"引导性即兴"的概念与"脚手架"(scaffolding)非常相似,脚手架在学习科学中被广泛使用。"脚手架"一词来自建筑施工的隐喻,脚手架是一种临时结构,在施工期间围绕建筑物,一旦建筑完成,脚手架就会被拆除。当"脚手架"这个术语被隐喻地用在教育中,它指的是来自教师的支持,这些支持不是严格的,也不是脚本化的。这些支持是暂时的,一旦学生学会了,它们就会被移除。好的课堂脚手架是随时回应学生的,你不可能提前完全计划好引导,尽管可以准备一个粗略的大纲来计划在课堂上会发生什么。但是,如果课堂向不同的方向发展,你可能需要停止遵循这个大纲。有时,做计划外的事情比坚持执行计划更有效。

严格的、僵化的课堂不是创造性课堂。在这种非创造性课堂中,教师控制着课堂,学生被要求完全按照教师的要求去学习。但在创造性学习中,学生必须通过相互交谈、站立和移动以及使用从彩色积木到科学实验室设备再到机器人的物理材料来参与课堂活动,从而进行创造性学习。教师要引导学生学会即兴。当学生即兴时,教师并不总是知道接下来会发生什么。因此,课堂的流程变得难以预测,这对教师来说是一个挑战。但对于创造性学习来说,教师学习如何管理不可预测的即兴课堂就显得至关重要。学生有更多的自由,课堂的流程也更具有即兴性,但这并不意味是完全即兴的,否则,课堂将是一片混乱,学生将不能学习任何知识。即兴必须要引导,这对教师来说并不容易,但它对我们的学生来说却至关重要。因此,只有专业而有才华的教师能够驾驭这项困难的活动。我希望这本书能帮助教师了解如何进行创造性教学。

基思·索耶教授

2022年2月11日于美国北卡罗来纳州,教堂山

目 录

前　言　　　　　　　　　　　　　　　　　　1
致　谢　　　　　　　　　　　　　　　　　　1

第一章　绪论　　　　　　　　　　　　　　1
引导性即兴教学　　　　　　　　　　　　　10
面临教学悖论　　　　　　　　　　　　　　13
未来的创新型教师　　　　　　　　　　　　16

第二章　创造性知识的教学　　　　　　　　18
创造性知识和浅层知识　　　　　　　　　　20
超越覆盖性陷阱　　　　　　　　　　　　　31
学习创造力和州立标准　　　　　　　　　　35
创造性思维习惯　　　　　　　　　　　　　37
数学、科学和历史中的创造性知识　　　　　41
每门学科的创造力教学　　　　　　　　　　51

第三章　引导性即兴　　　　　　　　　　　55
学会即兴　　　　　　　　　　　　　　　　60
协作和即兴　　　　　　　　　　　　　　　66
教师的即兴技巧　　　　　　　　　　　　　69

  教师需要打破即兴规则   80
  引导性即兴的教学计划   81
  平衡结构与即兴   84
  小结   85

第四章 破解教学悖论   88
  引导性即兴的结构   92
  项目式学习与教学悖论   96
  破解教学悖论：六个案例研究   101
  从新手教师到即兴专家   116
  以学科教学内容知识进行即兴教学   119
  小结   121

第五章 具有创造力的学校   124
  创新型学校的文化   125
  创新型学校的领导力   129
  创新型学校的组织结构   132
  创新型学校的评价   134
  小结   141

第六章 行动起来   143

参考文献   151

前　言

20世纪上半叶，大多数人在农田和工厂谋生，因此健康的体魄和娴熟的技能是他们的竞争优势。然后我们进入了彼得·德鲁克（Peter Drucker，1969）所说的"知识经济时代"（the knowledge economy）。在这个新时代里，智力比体力更重要，因为获取和分析信息成为经济增长的主要动力之一。你知道得越多，知识运用得越灵活，你的竞争优势就越大。基于此，在过去的五十年里，我们的教育体系关注的是如何确保学生获取和记住大量的信息。

然而我们已经不再生活在知识经济时代了。这个世界不再关注你知道多少，因为谷歌无所不知。你比身边的人知道得更多已不再是一个优势了，因为世界更关注的不是你知道什么，而是你能用所学的知识做什么。今天，一个人的优势来自他能给生活带来新的可能性或能创造性地解决问题——换句话说，来自他的创造力。当然，你需要相关的知识来完成这些事情。这是必要的，但不是充分的。在这个创新为主的时代，知识仍然重要，但能力更重要，创新的动机和意愿最重要。

从中学到大学，我们的教育系统还没有开始适应这种新的现实需要。在每个阶段的学习和每门课程的教学中，主要关注的仍然是课程内容中的知识获取。学生很少有机会运用他们所学的知识去提升他们的技能，发展他们的兴趣。作为人类，我们天生就具有好奇心、创造力和想象力。平均年龄在 5 岁左右的孩子每天问 100 个问题，大多数幼儿园的小朋友都认为他们是小艺术家。但当孩子们长到 12 岁左右，他们更关注的是获得考试的正确答案，而不是继续问他们感兴趣的问题，并且很少有人认为他们自己具有创造力。

我们的学生为这种教育所付出的代价是高昂的，然而鲜有人讨论这个问题。我们正在培养的一代代学生总在争取获得好的学业等级，考试获得高分——尽一切努力做他们认为能做的事情，目的就是进入名牌大学，从而得到一个体面的工作，然后就可以幸福地生活了。这些学生害怕犯错误，担心学业等级低于 A 级。他们竭尽全力展示自己，表明自己是全能的优秀学生，能申请到理想的大学。但他们忽视了自己究竟是谁，他们的问题是什么，他们感兴趣的是什么。

现实中，有些孩子缺乏竞争力，他们更愿意从事体力劳动，或者他们认为自己不够聪明，因此总是感到自己是个失败者。我们的学生中有 20% 的人未能完成高中。高中毕业的学生中有 30% 的人只能从事最低工资标准的工作。那些高中毕业的学生有近 70% 的人进入大学学习，但近一半中途退学而未能完成全部学业，而且还经常背负了很多债务。由于缺乏必要的技能或未能做充分的准备来进入就业市场，很多人只能勉强找到一份能糊口的工作。

而那些经过四年努力从大学毕业的学生进入到劳动力市场后的情况又如何呢？在接受了十几年的以获取知识为核心的学校教育后，他们在创新时代的表现如何呢？越来越多的证据表明，事实上，大多数大学毕业生对当前的工作远未做好准备，更不要说对未来的工作了。未来的社会中计算机和人工智能（AI）将会取代所有常规性的工作。

几个例子可以说明这个情况。在谷歌的早期，即我们认为还处在知识经济时代，新成立的公司竭力选聘世界上最聪明的人，他们只雇佣常春藤学校毕业的孩子，只面试考试得高分的和绩点高的学生。在拉兹洛·博克（Laszlo Bock）做谷歌公司的高级副总裁时，他分析了所有员工的聘用和工作表现的数据，发现他们一直使用的绩点和分数都是"没有价值的"，他们不关心你是否上过大学，在他们一些部门新录用的人员中，有15%的人没有大学学位。他们现在用多种结构化的面试方法来选聘人员，最终作出决定。

当我了解到这些情况，我想或许谷歌公司是一个特例吧。然而，几年前，德勤（世界四大会计师事务所之一）邀请我去胡志明市给当地的商业领袖做演讲。在讲座之前，我和他们的首席执行官一起吃午饭，她知道我曾经有一段时间在哈佛大学工作过。她有点开玩笑地对我说："你知道，我们过去总是雇佣那些从最好的大学毕业的最好的学生，但结果是，他们工作得并非那么好。现在，我们把潜在的新员工放在夏季训练营来考察，看他们如何协作解决问题，然后我们再决定是否给他们工作。"

对于那些不知道如何协作解决问题，缺乏创新时代成功所需要的其他核心能力的大学生来说，很难看出人们所吹嘘的充分就业的经济形势。根据《华尔街杂志》最近的一篇文章（Korn，2018），43%的25—29岁的大学毕业生要么失业，要么未充分就业。许多大学生呆在家里，很可能还拖欠大学贷款的债务。过去十年政策制定者秉持的原则就是确保所有从高中毕业的学生能做好上大学的准备。他们的假设是学生接受的教育越多，他们成功的可能性就越大。但现实是，今天的学生需要一种不同的教育，而不是更多的教育。

培养学生的创造性不再只是一种"有就好"（nice to have）的东西，而应该是教学"必须要具备的"（must-have）的东西。正是一系列技能和强烈的愿望给他们在创新时代的就业市场上带来有意义的竞争优势。创造性的问题解决能力对于我们民主社会的活跃的、知情的公民来说是同样重要的。学生应该学会保持好奇心，追求他们自己的兴趣，这样他们就很可能利用他们的业余时间进行创造性的活动，而不是沉溺于那些被动的消费活动之中。

但是创造力可以教吗？如果可以教，那该怎么教呢？基思·索耶（Keith Sawyer）在其大部分的职业生涯中都在思考这个问题。这本书提供了理论依据，而且还给那些想把创造力培养引入课堂教学的教师提供了实践引导。他明白学生需要必要的知识以便创新，但这些知识应该是他所指的创造性知识（creative knowledge）——那些根植于深度理解的知识。他在书中所描述的"引导性即兴"（guided improvisation）也为21世纪的教育变革作出了重要的贡献。

我给教师们的建议是：勇敢地试一试！试一下索耶在这本清晰简练的书中所描述的方法。根据我的经验，教师和学生都会在创造性的课堂教学中更加投入，更有获得感。采用这种新方法所教的学生也会对他们的未来做更好的准备。

托尼·瓦格纳（Tony Wagner）

马萨诸塞州，剑桥

参考文献

Drucker, P. (1969). *The age of discontinuity*. New York, NY: Harper & Row.

Korn, M. (2018, October 26). Some 43% of college grads are underemployed in first job. *The Wall Street Journal*. Retrieved from www.wsj.com/articles/study-offers-new-hope-for-english-majors-1540546200.

致　谢

首先最感谢的是教师学院出版社（Teachers College Press）的编辑——艾米莉·斯潘格勒（Emily Spangler）。艾米莉非常了不起！我们一起开始讨论并达成了共识，那就是研究可以帮助教师教授创造力。我们早期的对话帮助我构思了这本书，并撰写了写作计划。在我写书的过程中，艾米莉阅读了我的初稿，给出了很有见解的评价，帮助我选择了更好的写作路径。当我给她提交接近定稿的书稿后，她又认真地阅读了书稿，就如何完善和聚焦文本的主题给出了具体的修改意见。

教师学院出版社的编辑出版团队，包括洛丽·泰特（Lori Tate）、卡尔·尼伯格（Karl Nyberg）和文字编辑凯西·卡夫尼（Kathy Caveney），他们的工作都非常出色。他们指导该书出版项目能顺利通过各个环节，并最终付梓成书。乔·米赞（Joy Mizan）是一位很好的出版家，要是你听说过这本书，那还要归功于她出色的工作。

我非常感谢2018年秋季博士研讨会上的14位学生，在这个以学习科学导论为主题的研讨会上，这些学生读了本书前面几个章节的初稿，并给出了深刻的非常宝贵的建议。

在我二十年的大学教学生涯中，我多次尝试采用引导性的即兴教学方式，并取得了显著的成效。在开始的几年中，我从我的学生那里学到了很多，正如他们从我这里学习一样。他们在学习一种新的学习方式，正如我在学习一种新的教学方式。我非常感谢这些学生，在我如何更好地处理教学中的悖论问题上，他们提出了直率而真诚的反馈。

我还要感谢马瑟蒂（Musette）和艾伦·摩根（Allen Morgan），感谢他们建立了摩根教育杰出教授基金，资助了本书的出版。正是这个珍贵的礼物鼓励我完成了2018年整个夏天的写作。

第一章 绪论

每一学期我都会问我所教的大学生两个问题。现在请你先回答这两个问题，我再和你分享他们的答案。你会感到吃惊的！

首先，回忆你高中和大学的教育：

> 你是否在一门课上获得了A，然后一个月后，你学的东西却忘得一干二净？

当我在我教的班上提出这个问题时，所有的学生都举起了手。他们举手很快，没有丝毫的犹豫。他们环顾四周，可以看到每个人的手都举在空中。他们会意地笑了：他们一点也不会感到吃惊。他们认为学校的教育本就该如此。事实上，他们是正确的：研究不断表明，即使是最优秀的学生，也会忘掉他们在学校所学的知识。

第二个问题是：

你是否在一门课上获得了A，但你并不理解你所学的东西？

当我问第二个问题时，学生起初都很安静。他们紧张地环顾全班。有几个学生试探性地举起了手，其他几个也慢慢地举手了。当每个学生都意识到他们并不是唯一的，几乎所有的学生都先后举起了手。直到这时，他们才看上去很惊讶。许多学生认为，他们并不是唯一的不理解所学内容的人，所以他们尴尬地承认了。于是我很快地使他们确信，我已经预料到每个学生都会举手。这就是为什么研究者已经发现，在今天的学校里，即使是考试成绩很好的学生，也常常不理解所学的内容。

我们每个人也许都经历过精彩的课堂，遇见过优秀的教师。我们学到了很多至今还记得的许多珍贵的东西。但是学生举在空中的手——或者你自己的答案——表明每个人至少都有一节课的教学是没有效果的。真实情况是，或许你的很多课都是这样的，因为很多学校采用的都是无效的教学方法，我称之为传授主义教学（Instructionism）。在传授主义教学中，教师给学生讲解课程内容，告诉学生他想让他们学习的东西。学生努力记住所学的知识，然后再通过参加考试展示他们所学的知识。但接受传授主义教学的学生，学到的只是一些浅层的事实和程序（P.C. Brown，Roediger 和 McDaniel，2014）。学生在这种教学模式下的课堂中只是运用一些所学的最简单水平的认知思维程序（Chen 和 Yang，2019；Lamb，2003；Thomas，

2000）。这样教的结果是，他们只学到了我所说的浅层知识（shallow knowledge）。好学生对这些浅层知识的记忆会足够长，所以考试会取得好成绩，但考试一结束，他们很快就忘记了。

当我问我的学生这两个问题时，我知道他们都会举起手；他们的反应总是这样的。这就是为什么我非常确定你也会用"是"来回答这两个问题。即使我并不感到惊讶，但我也不会不感到悲哀。学生并没有记住，也没有理解他们所学的知识，这就很糟糕了。但我最关心的是学生并没有以一种让他们学会创造的方法来学习。

只有浅层的知识，你是不可能有创造性的。如果我们只是在科学课、历史课或数学课上教授学生浅层知识，那么我们的学生就不会在这些课上有创造性的准备。我们所有的研究都表明，如果所有的课同时都在教授浅层知识，那么仅仅把创造力作为一般能力教给学生还是远远不够的。教授创造力最好的方法是在所有的科目中都教授"创造性知识"（creative knowledge）。当你学习创造性知识，你就会明白你所学的内容。创造性知识具有很强的适应性，你可以把创造性知识应用到新的情境中，应用到学校以外的情境中。当给定一个你以前从未见到的问题，创造性知识可以帮助你采用一种更深层次理解问题材料的方式来解决该问题。学习科学家们知道在每个科目中如何教授创造性知识，这本书的目标就是帮助你运用这些研究设计你自己的创造性课堂（比如 Bransford，Brown 和 Cocking，2000；Darling-Hammond 等，2008；Mayer 和 Alexander，2011；Pellegrino 和 Hilton，2012；Sawyer，2014）。

当我问我的学生上面提到的两个问题时，显然他们的回答令人感到心痛，这就清楚地表明在传授主义课堂中，即使最优秀的学生的学习也不是为了更好地理解，而是为了考试。学习科学的相关研究已经证明，我的课堂或我的这两个问题并不是例外。比如，看一下这两个测试题，很明显它们都是可以用勾股定理来解决的问题（试题引自Wiggins和McTighe，2005，p.42）。

纽约州统考试题：

贾马尔从他的高中学校出发到他的家里，先向东走了5英里，然后向北行走了4英里。当希拉从同一高中出发回家，她先向东走了8英里，然后向南走了2英里。求贾马尔家和希拉家之间最短的距离？要求精确到十分之一英里。（可以选用相应的地图上的坐标方格）

3　全国教育发展评估（National Assessment of Educational Progress，NAEP）12年级数学考试题：

在X、Y坐标轴上，点（2，10）和点（-4，2）之间的距离是多少？五个单项选择项分别是：6、8、10、14和18。

参加这些考试的学生都在课堂上学习过勾股定理。许多学生在勾股定理的练习测试中都能获得A。然而令人震惊的是，只有30%的考生选对了上面试题中的答案。这就很糟糕了，尤其是当你意识到，即使每个学生从五个选项中随机选择一个，正确率都是20%。马萨诸塞州综合评估系统（Massachusetts Comprehensive Assessment System，简称MCAS）中10年级的数学考试中也有类似的问题，结果同样很糟糕。学生答错这道题的人数比该考试中其他试题错的人数还要多。

即使上面的问题应用勾股定理很容易解决，学生在考试中的表现与他们在课堂中的学习也有所不同。学生虽然记住了公式，但是以一种浅层的方式记住的。他们在课堂中运用浅层知识解决所给出的问题，但州立统考、全国教育发展评估和马萨诸塞州综合评估系统所给出的试题并不是他们在课堂上所解答的相同的简单问题（Wiggins和McTighe，2005，pp.42-43）。

美国的大多数学生并不会解决这些问题，尽管州立课程标准中把勾股定理作为数学课的一个重要的学习结果。问题是，勾股定理的公式$x^2 + y^2 = z^2$是作为一个规则教授的，你可以用该规则解决课堂中的这一类型的问题。你也可以运用这个规则在作业本上反复做30道相同的题。但是如果你只去掉一些简单的线索——甚至并未改变问题的本质结构——学生就不会做了。这是因为学生并不明白他们所学的内容。

学生在全国教育发展评估上的表现说明，总体上，学生能够完成低水平的、浅层知识的学习任务，但几乎所有的学生在高水平理解上还比较弱。不但数学是这样的；他们在社会学习主题方面的测试也表现得很差，这些社会学习主题包括荣誉、昭昭天命（是19世纪美国所持的一种信念，他们认为美国被赋予了向西扩张至横跨北美洲大陆

的天命)、移民,或者科学的主题,像水循环(Wiggins 和 McTighe,
2005,pp.43-45)。

1900 年间,95% 的工作对技能要求比较低,只需要工人遵循其
他人事先设计好的简单流程即可。今天,不到 10% 的工作是这样要求
的。我们生活在一个创新时代,任何不包含创造性的活动都会很快被
自动化。工人阶级在工厂的工作已经被计算机和机器人所取代。随着
人工智能(AI)的最新发展,许多白领的工作下一步也会被自动化所
替代(如参见 Partnership for 21st Century Skills,2019;Pink,2005;
Trilling 和 Fadel,2009;Wagner,2012a)[1]。

如果我们只是给学生教浅层知识,那么就是在浪费他们的时间,
同时也是在浪费我们自己的时间。我们的学生需要创造性的课堂,而
不是传统的传授主义的课堂教学,因为这种教学只是用浅层的知识填
满学生的脑袋。在第三章中,我将介绍一种基于研究的教学法,我称
之为引导性的即兴教学[2]。这种教学方法是即兴的,因为教师给学生充
分的自由,让他们探究主题,形成他们自己的理解。建构主义研究已
经证明,在自由的和好玩的探究中学习可以让学生真正获益匪浅。这
也是从玛丽亚·蒙台梭利到约翰·杜威所倡导的进步主义教育运动的
精髓所在。许多批评家抨击进步主义、建构主义教育方法,声称这些
教育方法忽视了课程标准和教学目标以及评价。创造性的教育则经常
与自由的探究和个体的表达联系在一起,但我将要在本书中展示如果
学生的课堂学习活动是有限制的和结构化的,他们是可以更有效地学
习创造性的知识的(Sawyer,2011a)。即兴的知识建构需要教师的引

导,这样每个学生的学习路径才能通向与学科内容有关的重要的学习成果,教学才能实现课程的目标。

本书展示了如何开发课程、教学计划和教学策略,以便为学生提供建构他们自己的知识的自由,引导学生学习州和国家课程标准所需要学习的课程知识。我希望所有的学校都能成为学生学习每一门课程的创造性知识的场所,而不是学习传授主义下的浅层知识。

在创新性课堂中,学生可以实验他们正在建构的知识。在实验中,他们学会如何把所学的知识运用到一个单元的内容中。他们学习如何超越所给的信息进行思考,学习运用新的方法解决新问题,找到创造性的解决方案。创造性的知识是深层的、互相联系的,并且具有很强的适应性。

引导性的即兴教学并不容易,特别是对新教师而言。这种方法很难平衡结构和自由。你将面临教学的悖论:如何给学生一定的自由度,这是进步主义教育家一个世纪以来所倡导的,这种自由是创造性学习所需要的,但与此同时,又如何运用结构化的材料来引导他们的即兴学习。在第四章中,我会就教师如何解决这个教学悖论提供一些实践性的建议。

我在每一章中都会讲述一些有关学校里创造性课堂的故事。我会向你介绍一些引导学生即兴学习的教师。我所给的例子来自乡村和城市的学校,以及郊区富人区和城中区的学校。引导性的即兴教学适用于所有的人群和社区。事实上,有证据表明这种方法运用在传统学校里表现不好的学生中更有效。所有这些学校都取得了非常大的成功。

无论是用新方法测试他们的创造性知识,还是测试他们的浅层知识,学生的学习成绩很高,这一点或许令人吃惊,因为人们一般认为通过传授主义教学浅层知识学生会学得更好。

我们中的大多数人都是在传授主义主宰的学校中度过了全部的学习生活,因此,大多数人认为学校应该是这样的,这一点都不奇怪。当你问人们如何定义学习时,他们几乎总是把学习描述为基于传授主义的教学。例如,他们会说学习就是通过听教师讲课来进行的。他们总是会描述这样一个情景,学生坐在无所不知的教师面前,教师告诉他们应该知道的东西。我最近读到一个非常好的研究,在这个研究中,研究者让孩子们给教师画像。几乎所有的学生都画着一个女性站在黑板或课桌前,指着黑板或者正对着全班讲课(Weber 和 Mitchell,1995)。

许多职前的教师就是带着传授主义的教学观念开始他们的教学的(Donaldson,2018;Patrick 和 Pintrich,2001;Richardson,1996;Wideen,Mayer-Smith 和 Moon,1998)。心理学家史黛西·德萨特(DeZutter,2008)曾让职前教师和正在实践的教师给教师们画像,他们的画像与孩子们的画像完全一样!当你读这本书的时候,我希望你也回想一下你自己的教学理念。毕竟,你和我们的大学生一样,都经历了传授主义教学的全部学习生涯。我的目标是向你展示一种新的更好的教学方法:创造性知识的引导性即兴教学(guided improvisation for creative knowledge)。

在第二章,我将吸收学习和创造力研究方面的最新成果,阐述创造性知识内涵。
- 创造性知识是深层知识——它是一个概念性的框架，可以帮助理解该学科的基本原则和理论，这些原则和理论是浅层知识的基础，也为浅层知识提供了情境。
- 创造性知识是大知识（big knowledge）——它有助于理解该学科的广度。它把不同的浅层知识整合在一个概念系统中，形成一个解释性框架，或者丰富的具有解释力的模型。
- 创造性知识是关联的知识（connected knowledge）——每个小的知识点都是与其他知识点联系在一起的，这种联系既是在学科内的，也可以是跨学科的，相互联系的知识形成一个关联的知识网络。

不管学生学习多少浅层知识，都无助于创造力的培养。因此，在传授主义主宰的课堂中，是不可能让学生学会如何创造的。相反，在创造性的课堂中，学生学习每一门学科中的创造性知识，然后为超越他们所学的做好创造的准备。

当然浅层知识也是有用的。在遥远的过去，大多数学生是无法获取书籍或到图书馆的。没有通信技术——如现在的手机或互联网——要找到知道你所需信息的人通常是很不容易的，所以你得自己想办法获取。因此，记忆信息就是接受教育的主要内容。但是今天只是记住浅层知识是没有价值的。现在人们利用互联网，只要轻松地搜索，就能搜到所有能记住的信息。2002年就产生了5艾个字节（EB）的信息，它是美国国会图书馆所有印刷资料信息的50万倍。1999年至

2002年所产生的信息基本相当于人类有史以来至1999年所产生的信息总和。今天，科技信息量更是每两年翻一番（McCain，Jukes和Crockett，2010；Varian和Lyman，2003）。

教师当下的使命就是让学生在21世纪都能有出彩的机会。然而，我们不能要求教师独自去完成这个使命。引导性的即兴教学是不容易的，教师需要得到学习共同体的知识，这个共同体应该包括学校的领导和家长。具有创造力的学校是全新的：文化、领导力、评价和结构。在第五章中，我将描述这种新型学校，教师需要这种学校来支持他们完成创造力教学的重要任务。

引导性即兴教学

要挖掘创造潜力，学生就需要学习每一门学科的创造性知识。每一节课的教学都需要有创造性学习的结果。这是因为创造力是与每个具体的学科领域相关的。你要在某一学科方面有创造力，就需要掌握该学科的创造性知识（参见Pellegrino和Hilton，2012，关于"深层次学习"）。例如，在艺术方面学会了创造并不能提升学生在数学方面的创造力（Hetland和Winner，2004）。在数学方面学会了创造并不能提升学生在生物方面的创造力。这就是为什么我们的学生在每门学科上都需要培养创造力的课堂教学。

今天有许多关于 21 世纪能力方面的研究，这些能力包括批判性思维、交流能力和创造力。政治家、商业领袖甚至家长都要求学校为培养学生的创造力而教学。我是一位艺术教育倡导者，但是，如果学校教学还是以传授主义为核心，那么单纯的艺术教育是无法解决培养学生创造力的问题的。在传授主义盛行的学校，培养学生的创造力无异于用创口贴来固定骨折的腿。我们必须要刨出问题的根源：我们需要把学校转变为具有创造性的学习组织，学生可以每天在其中创造知识，在每一门课程中创造知识。

人们经常为浅层知识找到学习的理由，他们认为浅层知识是与必须参加的高厉害考试（high-stakes tests，决定升学等重大问题的考试）一脉相承的。但是，接受创造性知识教学的学生在今天这类测试浅层知识的考试中的表现也很好，说不准还会表现更好。学生在创造性课堂中学得越多，他们就学得越好。但是，今天的考试只是测试浅层知识，传授主义所带来的严重失败并不总是能看得见。当用这些考试去评价学生，他们可能会得 A，即使他们的学习不是为了记住，或者他们并不理解所学的内容，亦或他们并不能用所学的知识创造新的知识。

> **消灭课堂讲授**
>
> 2002 年在马萨诸塞州尼得德姆诞生了一所全新的大学：欧林工程学院（Olin College of Engineering：www.olin.edu；再参见 Wagner，2012a，第五章）。欧林工程学院对工程教育有一个激进

> 的愿景：摒弃传授主义下的大讲堂，通过引导性即兴教学教授创造性知识。该学院是一个令人难以相信的成功案例；全国各地的工程教育家都来访问该学院，看他们是如何做的。欧林工程学院的创立者意识到，在大多数高校，工程师们并不是在学习创造性知识。学生坐在课堂中听教师讲课，记住那些脱离了具体情境的事实。欧林工程学院正式开学前，新教师都需要重新接受有关引导性即兴教学的培训。他们形成了一种实践性很强的跨学科教学方法，正好适应工程实践培养学生创造力的需要。现在，引导性的即兴教学在美国被越来越多的工程院校所采用。为了帮助这些创新型的工程院校进行创造力的教学，普渡大学还在 2004 年创设了首个工程教育学院（engineering.purdue.edu/ENE）。

我给大家带来的好消息是，你不必在创造力教学和学科知识教学方面二选一。引导性的即兴教学既有助于创造性知识的学习，又能让学生更好地掌握学科方面的知识。当学生学习创造性知识的时候，他们也在学习浅层知识（Mayer，2010；Pellegrino 和 Hilton，2012）。他们的浅层知识记忆得会更好，理解得更深入，并且能运用到新问题中。在第五章，我将阐述一些新的评价创造性知识的方法，并且描述学校如何可以开始运用这些评价方法来支持创造性学习。

我将在全书中给大家提供一些学校成功开展创造性教学的案例——包括小学、中学和大学。我也会给出一些学校之外的创造性学习的例子，在这样一些场所开展创造性学习，如创客空间、互动科学中心等，学生有进行即兴学习的机会。与学校相比，这些环境结构化更低一些。即使这样，我也认为教师可以从这些创造性的环境中学到很多。它们向我们展示了创造性学习的引导性即兴教学。教师可以把非正式学习环境下的即兴学习的一些特征融入学科教学中，增加一些支架结构，以引导学生的活动能实现所需的学科领域学习结果。

面临教学悖论

教师面临很多限制，这些限制通常来自法律、地区管理部门或者州和联邦政府的指导原则。它们限制了教师在课堂中的教学活动（Olson，2003）。那教师在面临这么多的结构性限制的情况下如何开展引导性即兴教学呢？这可不是一个新问题；在教师专业自主和行政管理部门的约束两者之间总会有冲突（如 Cochrane-Smith 和 Lytle，1999；Darling-Hammond，1997；Ingersoll，2003）。这种冲突存在于传授主义盛行的课堂中，同时也存在于创造性课堂中，处理好程序性教学更具有挑战性——因为程序和即兴教学往往又是相互冲突的。我把这种现象称为教学悖论（teaching paradox），在第四章，我将向你展示如何开发课堂教学计划和教学策略，以促进创造性学习，虽然可能会存在一些限制。

许多学校成功地应对了这种挑战，如加州蒙特雷约克学校（Creason，2017）。约克学校是采用引导性即兴教学进行学习和创新的积极倡导者。该校的整个团队——教师和学校领导——意识到他们目前所做的教学改革与你在大多数学校发现的传授主义主宰的教学情况完全不同。学校的领导已经意识到，当一名新教师加入团队，他们通常都还是采用传授主义的方法来开始他们的教学。对许多新入职的教师而言，引导性的即兴教学可能看上去像是一片"贫瘠的土地"，约克学校技术部主任凯文·布鲁克豪斯（Kevin Brookhouser）这样比喻道。这些新教师并不是因为他们固执己见不能适应变革而坚持采用传授主义教学。毕竟，布鲁克豪斯是因为他们非常优秀而聘任他们的。这些教师也真心希望他们的学生学习，他们这样教学是因为他们相信这对学生来说就是最好的教学方法。布鲁克豪斯理解这一点，他说："教师们都希望做正确的事情，当你按照程序化的课程大纲进行教学时你就很容易认为自己在做正确的事。你知道的，当你抽出一盒课程教学材料，拿着这些练习册，做这些测试的时候，你就自我感觉到'我知道我在做我的工作。我做的是正确的事情'。"说实在的，教师要经历这种个体上和专业上的变革是不容易的。约克学校通过一个岗前培训过程支持教师的变革，该培训过程引导教师运用即兴教学。

欧林工程学院的教授林恩·斯坦（Lynn Stein）这样讲道："（作为教师）你必须对你自己和你的角色有不同的认识。"当你试图激发学生的内在动机，激励学生做积极主动的学习者时，你就会感到做"讲台上的圣人（sage on the stage）"是有问题的……然而要转变到作为"旁边的引导者（guide on the side）"确实很不容易。放弃对课堂的控制对许多已经适应传统教学的教师来说是很不容易的（Wagner，2012a，p.161）。另一位欧林工程学院的教授、材料专家乔恩·斯托尔克（Jon Stolk）说："传统的课堂教学都是教师控制的。你告诉学生学习哪些重要的知识，为什么要学习，然后再去评价他们……有多年教学经验的教师是根据他们的所引导的经验能力来进行教学的，而不是根据如何促进学生的学习。这是一个巨大的转变。为此我花费了很多年。"（Wagner，2012a，pp.162-163）。

创新型教师的人权

- 你有权质疑任何影响你教学能力和学生学习能力的政策或教学方式。
- 你有权自主选择最好的教学策略来满足学生的需求，改变规定的教学计划以适应你的课堂教学。
- 你有权选择开发的课程，以适应你的课堂教学。
- 你有权采取一些冒险的教学方式，如果有些冒险可能会失败了，你也不会被追责。
- 你有权工作在这样一种环境中，即分享观点和给予支持是其行为准则。
- 你有权要求按照专业人士被对待。

现在，林恩和乔恩已经掌握了这种新的教学方法，他们说再也不愿意回到老路了。约克学校的其他教师同样也是这样说的。引导性的即兴教学能给人以成就感和驱动力，可以看到你的学生学到了多少。你坚信你正在做的事情。一旦你学会了如何运用引导性即兴教授创造性知识，你就永远也不会返回到传授主义教学上来了。

未来的创新型教师

你有三种方式可以变革教育中的工作。第一种是从外部支持学校——或许可以开发新的教育软件，或者加入当地学校董事会。就我而言，我选择成为一名学习科学研究者，研究最有效的学习发生的创造性课堂。第二种走向变革的方式是放弃在公立学校的工作，白手起家从头开始。这些教育改革者认为今天的学校是没有希望的，充满了官僚主义，永远也不会改变。事实上，他们努力在传统学校以外的地方进行变革，如特许学校或私人学校，或者通过互联网进行新的教授方法。

这本书是为那些选择第三条路径的人们准备的：那些选择从内部，从他们自己的创造性课堂着手改变学校的教师。对那些接受进行创造性教学的挑战的教师来说，可以一天只针对一个学生。21世纪我们需要的是那些致力于构建创造性课堂的教师。

注释

1. 关于这些变化以及它们对教学和学校教育的意义已有许多研究（包括 Bell，1973；Drucker，1994；Florida，2002；Friedman，2005；The Secretary's Commission on Achieving Necessary Skills，1991）。
2. 在早期发表的研究成果中，我把这种教学法称为"有训练的即兴教学（disciplined improvisation）"（Sawyer，2004a，2004b，2011b）。在这本书中，我选择了重新命名其为引导性即兴（guided improvisation）。因为我意识到，对许多读者来说，"有训练的（disciplined）"意味着教师的权威。毕竟，纪律（discipline）是惩罚（punish）的同义词。而有些读者则说这个词听起来像我指的是学校的学科，如物理学科（discipline 这个单词还有学科的意思）。

第二章 创造性知识的教学

我自从 1994 年获得心理学博士学位以来,就一直致力于创造力和学习的研究。随着知识储备越来越丰富,如今的研究者对人们如何学习创造力有了更深的了解。然而,他们的研究还不适用于教师,这就是我写这本书的原因。许多教师教育培训项目都没有提及创造力,大多数教育教科书也没有告诉教师如何培养创造力(DeZutter,2008;Mack,1987)。因此,很少有教师会使用创造性教学技巧也就不足为奇了(Schacter,Thum 和 Zifkin,2006)。

我喜欢分享我的研究,因此,我应邀在美国各地做关于创造力和学习的主题演讲。在演讲前后的谈话中,我了解到观众对创造力存在普遍的错误认识,比如认为创造力发生在右脑的(错误)认识或者(误导的)信念,认为孩子天生具有创造力,直到学校将其扼杀(本章末尾有更多相关内容)。但我最担心的是有些错误认识让创造力看起来遥不可及。有些人认为创造力是天才的专利;另一些人则认为创造力是精神病患者和性格古怪的人才拥有的，或者有创造力的人不遵守社会行为标准，和社会格格不入。如果这就是创造力，那将无需培养。然而，如今研究者知道这些认识都是不正确的（Sawyer，2012）。创造力不是遗传的，不是天才或精神病的专利，不是只有少数艺术家才有的性格特征。

我还听过这样的观点，一个领域中最激进的想法产生于那些对该领域不太了解的人——新手或业余爱好者。他们认为知识限制了人们的思维，使人们不能跳出固有思维去思考。如果是这样，那么对于某领域的高级领导人和专家来说，这应该是一个更大的问题，他们将会更关注现状，以致于可能会拒绝任何真正具有变革意义的想法。换句话说，知识越多等于创造力越少。如果是这样，教师的教学越有效，学生的创造力越低。对教师来说，这难道不可怕吗？

人们知道得越少就越具有创造力，这种说法是错误的。任何领域的创造力都是建立在对这个领域的了解之上。你不能凭空创造，你必须在某个学科中，使用该学科领域的知识进行创造。从博物学家查尔斯·达尔文（Charles Darwin）到物理学家阿尔伯特·爱因斯坦（Albert Einstein）再到画家杰克逊·波洛克（Jackson Pollock），这些最杰出的创造者花了数年时间研究前人的成就。但是，你不能仅仅学习浅层知识，创造力是建立在创造性知识[1]的基础上的，你需要对每个学科的创造性知识加以理解，形成认知结构以及思维习惯，并将其作为课堂教学的一个组成部分来学习。例如，当学生初次学习人体时，他们关注的是可见的部分，如肘部凸出的部位和每只手的五根手指。

通过学习创造性知识，学生将学会如何解释一个人体模型：肘关节的设计如何限制活动范围；如何测量肌腱与骨头的连接位置的重量，从而解释手臂能产生多大的臂力来举起一定的重量。学生不只记住了第三种杠杆公式，扭矩是力量（二头肌的力量）和支点距离（从肘部到肌腱和前臂连接的地方）的乘积（Lehrer 和 Schauble，2006）。学习科学家们在理解如何教授和学习创造性知识方面取得了巨大的进步。在这一章中，我将介绍教师应该教授什么样的创造性知识，这些知识如何支持创造力，为什么能支持创造力。

创造性知识和浅层知识

传授主义下的教学教授的是该学科的浅层知识，而浅层知识不支持创造力。幸运的是，当前研究向我们展示了有种知识支持创造力：它就是创造性知识，它从各个方面讲都与浅层知识大不相同。

创造性知识是深层知识

有了创造性知识，你就能理解所学习的教材，知道如何用创造性知识去思考。运用浅层知识，你能记住发生过的事件；运用创造性知识，你能够解释这些事件发生的原因。浅层知识包括你已经记住的事实；而在创造性知识下，你能明白这些事实的来源以及我们如何辨别它们的真实性。

> 带有惰性思想的教育不仅是无用的,而且首先是有害的。教授的主要思想应该要少而精,并且尽可能将其组合在一起。(A.N. Whitehead,1929,pp.1-2)

浅层知识是有关世界的事实的集合,例如:

1. 正确拼写单词
2. 标准键盘(QWERTY keyboard)上字母的位置
3. 乘法口诀表
4. 水的化学结构(H_2O)

我认为学生应该学习这些浅层知识,我相信你也可以在这些浅层知识后面加上长长的清单。如果创造力教学意味着教师必须停止学科知识的教学,那么创造力将毫无用处。人们普遍批判进步主义教育不够全面,学生没有学习到重要的事实和技能。

我给大家的好消息是,教授创造力和教授事实性知识之间并没有冲突。学生记忆事实性知识时,他们的创造力并不会降低;而教师停止教授事实性知识时,学生也不会变得更具有创造力。学生要想在一门学科中具有创造性,就需要记忆大量的浅层知识。学生需要学习词汇才能有读写能力,许多具有创造性的作家使用的词汇远比我们多得多。学生需要记忆许多知识去做数学运算，包括乘法口诀表，或分数相加的步骤。我在车库里测量工艺项目的零件时，会使用这类浅层数学知识。创造性知识包括传授主义方法所教授的浅层知识——事实、技能和程序。但与传授主义不同的是，创造性知识不是孤立的组块，而是在丰富的概念网络中相互联系在一起，它们形成了具有深度和意义的模式。

创造性知识是大知识

通过对科学专门知识的研究，我们知道科学的创造力是建立在大量知识之上的，并非是一些小的浅层知识。认知心理学家称碎片化的浅层知识为组块（chunks；Gobet 等，2001），并且不连贯的知识不能支撑创造力。组块是可以学习的最小单元，是知识的基本"原子"（atoms）。在浅层知识中，每一个组块都非常小，例如，科学中的组块包括命名云的种类或者三种岩石，或学会如何拼写"cirrus"（云）和"metamorphic"（岩石）。

传授主义教学中，学生按顺序学习一些小知识（small knowledge）。在引导性的即兴教学中，学生学习和传授主义一样的浅层知识组块，不同的是他们在更广泛理解这门学科的基础上学习相互联系的知识组块。创造性知识将浅层知识组块综合在一起形成一个整体。传授主义教学要求学生记忆美国的 50 个州的名字、形状、首府名称，以及加入联邦的年份。然而，创造性知识教学要求学生学会如何去思考这个州建立的社会和政治因素，以及这个州为什么是这个现状。我还记得在小学时，我因记住了 50 个州的首府而获奖，但当时我对美国历史并不了解，直到前几年我开始看电视节目《美国各州是如何形成的》(*How the States Got Their Shapes*)，我才对此有所了解。

创造性知识包括许多浅层知识，但这些知识组块相互连接，形成丰富的概念性结构，学生能够理解学习这些知识的原因，以及这些知识更深层的概念结构所蕴含的意义。

创造性知识是关联的知识

传授主义教学中，浅层知识组块之间在认知上是没有联系且彼此孤立的（Pellegrino 和 Hilton，2012）。学生不了解知识在复杂系统中是如何相互联系的，因此他们不了解整个知识系统的全景。

几年前，我花了几周时间帮助一位中学生杰里学习数学。一开始我们学习了分数的加、减、乘运算，比如 3/8 和 18/72。接下来我们学习了如何对小数进行同样的运算，比如 0.25。最后，我们学习了如何用百分比进行运算，比如 40% 和 75%。这三个单元的每一部分结束时，杰里的作业都得了满分 30 分。当然，我想杰里也知道分数、小数和百分比只是表示同一个数字的不同方式：$\frac{1}{2}$ 等于 0.5，也等于 50%。但是在我们完成了三个单元的学习之后，我很惊讶地发现杰里并没有意识到这三个单元是相关联的，他以为他学了 3 个不相关的数学程序。

如果我们不教授连接这三个单元的基础性的概念，那我们为什么还要期望学生学习这些概念呢？毕竟，杰里学会了教师教授的知识，并且每次家庭作业都得了满分。如果你把数学程序作为不相关的浅层知识组块来教授给学生，只对浅层知识进行评估，那么学生就不太可能学会体现这些关联性的基础性概念。

创造性知识具有灵活性

创造性知识灵活且适应性强。学生将了解到每一个学科的知识都是动态且不断变化的，新知识的学习也是他们自我学习的创造性过程。心理学家将其称为适应性专门知识（adaptive expertise），即能够适应各种新情况的知识（例如，Schwartz，Bransford 和 Sears，2006）。

在学习浅层知识时，学生把浅层知识看作前人发现的固定的、理所当然的知识。他们没有意识到他们所学的知识来源于一个创造性的过程，这个过程包括科学家的发现，工程师的发明，历史学家的深入分析，数学家的公式证明。他们不知道知识是被创造的以及他们也具有创造知识的潜力。

浅层知识是永恒的、固定的，但它又是不牢固的——在不改变浅层知识的意思或浅层知识没有意义的情况下，你无法改变其中一块小知识。易碎材料建造的建筑物在地震中更容易倒塌，如果用有弹性的材料，建筑物会前后摇摆，但不会断裂或倒塌。这就是为什么浅层知识不能应用于新的背景和问题中。学生只能将浅层知识应用于与所学境脉（context）本质上相同的情境。相反，创造性知识具有灵活性，能够适应任何新问题。这类似于如何学会技能并理解它，例如，一个人刚开始学习打篮球，注意力全在运球、投球以及传球上，而这些技能并不能帮助他更好地踢足球或打曲棍球。但是随着经验的积累，运动员开始对其他团队运动项目有了更深刻的理解。例如，运动员学会了核心防守策略：总是在进攻中接近可利用的空间（参见 Wiggins 和 McTighe，2005）。当你超越了简单的技巧，你就开始成为一个有创造力的球员，就像 1999 年 NCAA 男子足球锦标赛的杰出进攻球员尤里·拉夫里年科（Yuri Lavrinenko）所说："当我在中场拿到球并开始运球时，我想马上传球。但我的队友打开了空间，这使我能够继续奔跑传球。当我把球传给阿列克谢（Alexei）时，两名球员跑向他，这为我创造了更多的空间。"（摘自 1999 年 12 月 13 日《纽约时报》p.D2；引用于 Wiggins 和 McTighe，2005）

这种大概念是"创造和限制进攻空间"，它适用于篮球、冰球、足球、水球、美式橄榄球、长曲棍球、英式橄榄球和曲棍球：当你处于进攻状态时，试着用动作和假动作让你的团队中的某人有空位。当你在防守时，一定要确保进攻空间关闭了。无论防守还是进攻，即使情形和你训练的不一样，这种更深层次的理解使你学会创造性地回应对方。当你学习了创造性知识，你就能理解连接不同情形的表层知识的模式。

创造性知识促进思考和行动

有创造力的人知道如何使用他们所掌握的知识去思考，如何解决他们之前没有遇到过的新问题，他们知道自己不知道什么，要学习什么，以及如何提问。学生有了创造性知识后，他们能够像一个学科中有经验的创造者一样思考。

我曾与科学家、工程师和艺术家交谈过，他们都认为创造力意味着知道如何用学科知识思考。"如何思考"是积极且动态的，具有向未来前进的潜力。而浅层知识则是惰性的、静止的，着眼于过去而不是未来，你无法运用其做任何事。

创造性思考意味着超越给定的信息，将现有的想法重新组合，并能够应用基本的潜在框架和深入理解的概念解决新问题。

创造性知识为新的学习做准备

学生学习的创造性知识能为他们的继续学习做好准备。在下一节课或单元学习相关知识时，学生能够更好地学习和理解它们。学生学习几个星期或一个学期的创造性知识之后，由于每个单元的学习成果都相互联系，因此学生可以构建自己的创造性知识。由于创造性的知识是深层次且灵活的，因此其与下一个单元相关的概念之间的联系就会变得清晰起来。

在一所优质的公立学校九年级数学课上，教师要求学生创新他们自己的方法来定量测量不同现象在线性尺度上的变异性（Schwartz 和 Martin，2004）[2]。教师没有讲课，而是让学生自己找出解决问题的方法。教师也没有引导学生找到正确的答案；相反，教师要求学生解释他们正在做什么，或者问他们发明的测量方法的程序是否符合他们自己的"常识"，或者引导他们开发更通用的解决方案（p.138）。不同的学生小组提出了不同的解决方案，但他们并没有都注意到相同的数量性质（p.145）。在传统的计算变异性的教学中，教师和教材会直接教授学生平均偏差公式，并让他们牢记（见图2.1）。但是，在创造性课堂中，教授学生公式之前，教师要求学生算出下面两个问题中的一个，问题1或问题2。

$$\frac{\sum |x-\bar{x}|}{n}$$

图 2.1　平均偏差公式

表 A1　田径队明星的数据问题

2000 年跳高排名		2000 年跳远排名	
高　度	跳的次数	长　度	跳的次数
6′6″	1	21′6″	1
6′8″	2	22′0″	2
6′10″	3	22′6″	2
7′0″	5	23′0″	9
7′2″	6	23′6″	9
7′4″	7	24′6″	4
7′6″	4	25′0″	1
7′8″	1	25′6″	1
8′0″	/	26′6″	/

资料来源：Schwartz 和 Martin, 2004, p.176。

问题1. 田径队明星

　　田径明星比尔（Bill）和乔（Joe）都在美国田径队，去年他们都打破了世界纪录。比尔以8英尺的跳高成绩打破了跳高世界纪录；乔以26英尺6英寸的跳远成绩打破了跳远世界纪录。现在比尔和乔正在争论他们谁的记录是最好的。根据表A1中的数据，你需要判断8英尺的跳高纪录是否击败了26英尺6英寸的跳远纪录。（Schwartz和Martin，2004，p.175）

问题2. 取得好成绩

　　如果朱莉想要取得好成绩，学生必须决定她应该上哪门化学课。他们看到了去年两个不同教师给朱莉的分数。这个问题给学生带来了新的挑战。学生不但需要判断朱莉是否更喜欢碳老师的高风险、高回报的评分标准，而且还要处理样本容量不同的非定量数据。（Schwartz和Martin，2004，p.179）

　　碳老师（Mr. Carbon）：A+，A+，A-，C+，C+，C+，C，C，C-，C-，C-，C-，D+

　　氧老师（Mrs. Oxygen）：B+，B，B，B，B，B-，B-，B-，B-，C，C，C-，C-，C-，D+，D+

　　在解决了其中一个问题之后，所有的学生听教师讲解测量变异性的标准公式。然后，一组研究人员对九年级学生能否运用他们的知识解决新问题进行了研究：

他们进行了一项测试,要求学生使用两个变量而不是一个变量,即下面的"本垒打击球员"问题。解决这些问题需要双变量数据中的协方差的概念,而学生还没有明确地学过这个概念。34%的九年级学生发明了一种测量协方差的方法,这是一个相当复杂的概念(Schwartz和Martin,2004,pp.158,161)。

问题3.本垒打击球员

人们喜欢比较历史上不同时期的运动员的水平。例如,贝比·鲁斯(Babe Ruth)击出本垒打的力量比马克·麦圭尔(Mark McGuire)更大吗?他们所使用的棒球、球棒、体育场都不同,因此,仅仅比较谁击球最远是不公平的。马克·麦圭尔可能打出了最远的本垒打,但这可能是因为人们现在使用的是弹性棒球。

两个人在争论乔·史密斯(Joe Smith)和迈克·布朗(Mike Brown)谁更有力量。乔·史密斯最远的本垒打是540英尺,那一年,所有球员的平均本垒打距离是420英尺,平均偏差是70英尺(平均偏差表示所有本垒打距离平均值有多近)。迈克·布朗最远的本垒打是590英尺,那一年的平均本垒打是450英尺,平均偏差是90英尺。你认为谁的本垒打表现得更有力量,乔·史密斯还是迈克·布朗?用数学知识证明你的观点。(Schwartz和Martin,2004,p.184)

同时,研究人员对一所顶尖大学的学生提出相同的二元变量问题,这些大学生已经完成了统计学课程,对变量有了深入了解。结果显示:只有12%的大学生提出了可行的解决方案!这表明二元变量和协方差是非常复杂的概念,但令人惊讶的是,能解决这个问题的九年级学生人数几乎是大学生的三倍多。研究人员认为,大学生表现较差是因为他们的统计学课程是基于传授主义教学的(Schwartz和Martin,2004,pp.158,162)。相比之下,九年级学生学习的是创造性知识。他们在教师的指导下探索和发明了自己的解决方法,教师并不是给出正确或错误的答案。因此,九年级学生学到了更有创造性的深层次知识。他们理解了线性分布的基本概念,如"集中趋势"和"变异性",他们的理解力很强,以至于他们比顶尖的大学生更能运用所学知识发挥创造力。

创造性知识支持跨学科学习

创造性知识使你能够将一门学科的知识与其他学科的相关知识联系起来。科学创新研究发现,许多最具创造性的想法来自知识体之间建立的跨学科联系。创造力研究人员称这些新想法为"远程关联"(remote associations),研究表明,远程关联比结合相似知识的新想法更有创造力。

> 在欧林工程学院,一半的学生学习了跨学科专业,如可持续发展设计和数学生物学。该学院还在创建新的跨学科集中领域方面走在了前列,比如生物工程。
>
> (Wagner,2012b)

这就是为什么一些优秀的创造性课堂教授跨学科知识学习，采用多种活动帮助学生创造性地整合不同学科的知识。当你处理需要多个知识体系来解决的问题时，你必须在每个学科中建构深度知识。一些最有效的课程设计都是跨学科的。

运用创造性知识，你的大脑中会形成更深层次的理解，这就有助于你看到化学课中学到的分子结构和电流中原子结构之间的关系。它帮助你理解历史和文化背景（在社会研究中学到的）如何影响文学风格（在语言艺术课中学到的）。

当你具有多个领域的创造性知识时，才更可能产生跨学科的见解。因为每个领域的创造性知识都具有适应性，它可以被修改或"延伸"，这样你就可以把它与不同领域的不同知识联系起来。当整个学校在每堂课和每门学科都教授创造性知识时，学生的创造性潜力就会成倍增长。这将有助于他们在每个学科上都具有创造性，并且建立学科之间的联系也变得更具创造性。创造性知识之间的联系产生的协同作用使得整体的力量大于部分之和的力量。

超越覆盖性陷阱

传授主义学校的教学目标是在最短时间内覆盖尽可能多的学科知识，我称之为覆盖性陷阱（coverage trap），这在有最多的好学生和最高的考试成绩的最好的学校里更像一个陷阱。我之所以称之为陷阱，是因为学生掌握了大量浅层知识后，会进行学习效果的测验，这似乎证明传授主义是有效的，因此，人们很难将教学转变为注重深度而非广度的创造性知识教学。只要学生在本单元和学期结束后立即接受测验，在不可避免忘记所学习的大部分浅层知识之前，传授主义似乎能够有效地快速覆盖大量浅层知识。通常，衡量一所好学校的标准是学生是否在测验中成绩优异。因此，家长和管理人员变得过于自信：如果学生成绩优异，那么我们的教学就不需要明显改变。当然，即使是顶尖学校也会努力做得更好，但通常人们认为改变教学法要么是把传授主义做得更好，要么是扩大传授主义的覆盖面。

采 摘 番 茄

为了在采摘时不弄伤番茄，一组工程师试图设计一种机械番茄采摘机。他们提出了一些非常有创意的解决办法，但没有一个奏效。最后，他们请来了一些植物学家，一起重新审视了这个问题：为什么不尝试培育一种新的番茄品种，一种不容易碰伤表皮的番茄？有了这个新问题框架，这个跨学科的团队最后培育了一种新的番茄品种，它的皮更厚，不容易碰伤。

（Adams，2001，p.24）

20世纪60年代,医学教育工作者研究了一年级医学生在第一年人体解剖课上术语记忆的情况。随着时间的推移,研究者反复对学生进行了测试。结果显示了覆盖陷阱的失败:学生很快就忘记了几乎所有"学到"的东西。这一数据对医学教育产生了巨大影响,如今教师以一种截然不同的方式教授解剖学(Shulman,1999,p.13)。

真正优秀的学校不会考虑学习的覆盖面。相反,他们强调创造性知识,强调知识的深度而非广度。研究人员惊奇地发现,即使课程"覆盖"的内容没有那么多,这些学校的学生在今天的浅层知识测试中得分一样好,这是因为学生可以用他们的深层知识从基本原理中提炼出浅层知识,从而掌握浅层知识。

芬兰教育的奇迹说明,当一个学校不再强调教育覆盖面时会发生什么,这是一个有说服力的例子(Sahlberg,2011)。在由70多个国家或地区(OECD,2008)组织的国际学生评估项目(PISA)的国际排名中,芬兰学生名列前茅,美国学生则位于中间位置。PISA不仅仅是一项关于记忆的多项选择题测试,它也评估具有深度和创造性的知识(Ripley,2013)。

芬兰学生直到7岁才开始上学,与其他国家相比,芬兰课程涵盖的内容较少,传统课堂授课和家庭作业的时间也相对较少。芬兰教师的教学时间每年约为600小时,大约一天四节课;而美国教师的教学时间每年为1 080小时,一天六节课。但是,芬兰教师下班后会在家进行备课,制定第二天的教学计划,并进行课程评估。

国际数学和科学趋势研究(Trends in International Mathematics

and Science Study，TIMSS）每四年比较50个国家或地区的学生在数学和科学方面的成就，其研究表明，美国的科学和数学课程覆盖了比其他国家或地区更多的浅层知识组块（Stigler，Gonzales，Kawanaka，Knoll和Serrano，1999）。其他国家或地区的一些教育工作者说美国的课程"宽一英里，深一英寸"，而他们工作的学校则注重深度理解和创造性知识（Vogel，1996）。2015年，美国科学促进会认为这种教学方法是无效的，这群顶尖科学家批评"覆盖"和"学科概述"的学习目标，因为这种教学方法会导致学生很难学习概念性知识之间的联系，无法将事实和观点联系起来，形成更深层的概念网络［Cooper等，2015，p.281；也参见President's Council of Advisors on Science and Technology（PCAST），2012］。

美国的这种只关注覆盖面的教学对创造性知识是不起作用的，而且在传授浅层知识方面也没有那么有效。正如我在第一章提到的，美国学生记忆力差，缺乏深度理解，在学校外场景中运用所学知识的能力也很差。与其他国家相比，传授主义教学不但没有提高美国学生的能力，反而使学生的成绩变得更差。TIMSS研究数据显示，注重创造性知识国家或地区的儿童在数学评估上比美国孩子表现更好（Schmidt和McKnight，1997）。芬兰的好学校通常在世界上排名前五或前十，这些学校每学年的学习结果更注重学生对大概念性知识的掌握，以及深刻理解创造性知识的程度（Sahlberg，2011）。他们认为在课程教学中教授更多浅层知识并不能帮助学生更好地学习。

学习创造力和州立标准

俄亥俄州阿克伦市的国家发明家名人堂学校（The National Inventors Hall of Fame School）是阿克伦市依据州测试成绩排名前三的学校之一，该校42%的学生来自贫困家庭。该校的办学成功在于重新设计适合学生的教学方法，强调创造性知识而非浅层知识（Bronson 和 Merryman，2010，p.47）。

例如，教师为五年级学生开发了一个开放式项目。他们根据俄亥俄州的课程标准设计了一个学生每天都会面对的问题：我们该如何减少在图书馆听到的噪音？即使关着窗户，图书馆里的噪音也很大，因为窗外是一块公共区域。所以，学生必须跳出思维定势来解决这个问题。

教师们设计了一个为期4周的单元来完成这个项目，为学生提供了进行反复的、不可预测的创造性发挥的时间。该项目花了学校4周的宝贵时间，因此，教师设计了一个使学生掌握俄亥俄州立标准的创造性过程，同时，在这个过程中培养学生以下几个创造性思维习惯。

意识。在教师的引导下，学生查找相关数据，通过探究过程引导他们获得一系列创造性科学概念知识。在探索的过程中，他们会学到许多学科领域知识，如：声音是如何在物质中传播的？什么材料最能降低噪音？

发散思维。然后，学生用发散思维的创造性方式提出许多潜在的解决方案。在窗户上挂窗帘有用吗？如果窗户旁边有大型植物会怎样？有效的创造性思考过程必须进行头脑风暴，即使这些观点有点不切实际，比如：在天花板上挂大风筝怎么样？我们可以买一个装满鱼的大鱼缸来替换这个窗户吗？

提出好问题。教师应引导学生思考重新表述问题的方法。例如，不去探索减少噪音的方法，而是引导学生思考噪音是否是真正使学生分心的因素。是否可以重新定义图书馆的功能：图书馆是一个学习的场所，而不是去享受安静和孤独的场所。如果播放一些像瀑布声一样等让人放松的音乐，也许噪音就不再是一个问题。

实验。然后，教师准备引导学生进入下一步的创新过程：他们用瓦楞纸箱、纸吸管和牙签等廉价材料快速创建模型和原型。

最后，每个小组将创新想法转化为行动，并将他们的解决方案提交给家长和教师。学生提出的解决方案并不无厘头；教师引导学生学习相关内容知识并肯定他们的方案确实有潜力。学生已经确定了未来需要探索的挑战和需要考虑的局限性。例如，他们意识到，要想让植物或鱼缸的想法成为现实，那么必须有人在夏季和假期的时候照看它们就成为了一个很大的挑战。

通过创造性教学，学生在教师的引导下学习了创造性的科学知识，这是俄亥俄州五年级课程标准的重要组成部分。他们的创造性知识学习成果覆盖了多门学科，包括理解声波和材料组成（科学）；使用单位计算和百分比等公式估算材料成本（数学）；为他们提出的解决方案写一篇令人信服的描述（语言艺术）。

创造性思维习惯

国家发明家名人堂学校展示了引导性即兴如何通过创造性教学引导学生学习学科知识。学生通过参与到创造性学习过程，在教师的引导下形成多领域通用的思维习惯，从而提高他们每个学科的创造力。这些思维习惯帮助学生更好地在创造性知识的基础上参与即兴和探索过程，以培养学生的创造力。

引导性即兴

创造力的研究表明，在即兴的和不可预测的过程中，学生会产生创新的想法并解决创造性的问题。创造力并非产生于想法转为行动的线性过程。相反，成功的创造者会多次用全新的视角进行一个非线性的过程迭代。他们在这个过程中会遇到死胡同并且会犯错误，但他们总是会向前看并且重新开始行动（Sawyer，2013）。

这就是为什么关于图书馆噪音的项目，教师一开始引导学生进行头脑风暴，因为创造性学习的道路不是线性的。一旦计划好从头到尾的完整路径，学生就会很少发挥创造力。因此，在本单元开始时，教师并没有要求学生列出 4 周的计划。教师通过不可预测的即兴过程引导学生观察环境中的新事物，而他们一开始不知道这些新事物在此环境中的重要性。因此，许多学生小组意识到，他们一开始解决这个问题的方法就完全错了，于是他们改变思路尝试不同的方法。在创造性学习中，学生会遇到死胡同并且有时会得出错误的答案和概念。但是，当他们最终学会正确的解决方法时，他们会对这个问题产生更深的理解并将用这些知识来进行创造。

发现问题

最令人惊奇的创造性想法往往在你不知道如何思考问题的情况下涌现出来。当学生在解决问题受阻时，最普遍的原因是他们提出了错误的问题。1985 年的一项研究指出，在迭代性、探索性过程中去解决问题的中学生更能重新阐述他们的问题并提出新的问题，与那些早早下定决心并坚持自己选择的道路直到完成的学生相比，这使他们能够针对问题创造出更新颖的解决方案（Moore，1985）[3]。教师可以通过让学生解释他们的问题，并询问他们的解决方案是否符合"常识"来帮助学生（Schwartz 和 Martin，2004）。最成功的创造力来自发现新问题，提出新问题，或以不同的方式设计问题情境。教师最好不要把项目的问题告诉学生；当你引导他们进入到即兴的创造性的过程，学生会在参与过程的同时提出他们自己的问题。

心智意识

具有创造力的人会有意注意周围发生的事情。例如，在图书馆噪音项目中，当教师引导学生不要把问题的视线全集中在窗户上时，一位学生抬头看了看天花板并产生了挂风筝的想法。即使在专注于一项特定的任务时，有创造力的人也会频繁环视四周。他们会留意即使与他们的任务毫不相干的有趣的事情。因此，当你注意到学生太专注于得到正确答案并试图尽快解决问题时，教师要引导学生试着坐下来，深呼吸，花一到两分钟环顾一下四周。

趣味性

具有创造力的人总会尝试新事物，从他们的实验方式可以看出他们显然不会沿着线性路径思考问题。他们探索问题空间，审视环境，并在这个过程中想出小点子。当学生不确定如何思考解决问题的方法时，他们必须不断地学习相关领域的知识，以确定他们继续思考需要的知识或者他们是否应该重新尝试另一种思路。一旦学生有了简单的想法，教师需要引导学生用趣味性的方式将这些小的想法结合在一起，在创造性知识的基础上提出更具深层意义的创造性解决方法。

接受失败

在创造性过程中，涌现的许多想法有时可能完全错误，最后可能毫无意义或完全不相关。具有创造力的人知道，在创造性过程中进入死胡同是探索过程和产生想法的必要部分。他们不会用一个需要投入大量时间的方法来解决问题，因此他们不会因小失败而太过沮丧，而是会迅速恢复原状并继续向前探索。

事实上，教师利用学生的错误答案引导他们比学生立即得到正确答案的效果更好。有效失败（productive failure）的研究表明，学生从错误中学习创造性知识比从立即得到的正确答案中更有效（Kapur，2008）。关键是引导学生探索错误答案的原因，以及其与正确答案有何不同。如果教师只关注正确的答案而忽略学生的错误答案，学生就不能从失败中学习（Wallis，2017）。这项研究表明，如果利用好失败，学生能够学习更深层次的和创造性的知识（Sawyer，2018a）。

实验和迭代需要时间

创造性过程是要花费时间的，并且你不知道这个过程什么时候结束，因为你不确定你提出的问题是否正确，你是否处理了所需信息，以及你是否知道什么是好的解决方法。图书馆噪音项目给学生提供了4周时间来体验一个低效缓慢的真实创造性过程。由于有效学习是需要时间的，所以最好的任务设计实际上是防止学生匆忙完成作业（Brown等，2014）。这就是为什么教师在一开始没有让学生想出好方法来制定一个可以最有效、最快速地得到答案的线性解决方法。图书馆噪音项目通过引导学生深入思考来解决问题，而不是让学生用在传授主义课堂中记忆的浅层知识来解决。

数学、科学和历史中的创造性知识

在引导性即兴中,学生参与到他们所设计的活动中,并用创造性思维来学习学科知识。如果你在教学的开始就教授浅层知识,然后再培养这些习惯,就太迟了:建立在创造性知识基础上的创造性思维习惯是最有效的。学生需要从同一个活动中学习学科领域的知识和创造性思维习惯。因此,创造型学校每一学科都采用不同的授课方式引导学生学习相关领域的创造性知识。并且,要求学生学习的学科内容知识是创造性知识,而不是浅层知识。

数学中的创造性知识

鲍勃·奈特(Bob Knight)是科尔特湾初级中学的一名教师,他通过引导学生参与到即兴创作过程来教授代数。在他的课堂上,学生不能通过运用死记硬背的公式来解决问题(Yinger,1987,pp.40-43)。相反,他给学生提出一些复杂的问题并让学生学习如何思考这些问题。事实上,美国州立共同核心课程标准(the Common Core State Standards)的核心就是强调用数学思维思考,而不是简单地把公式当成浅层的记忆知识来学习。研究人员罗伯特·英格(Robert Yinger)问奈特为什么采用引导性即兴教学,奈特说这是教授数学思维最好的方法。令人惊奇的是，这些数学思维和本章前面描述的创造性思维习惯相同：

- 理解基础知识
- 寻找解决问题的不同方法
- 知道设置问题时采用的方法
- 运用概念并建立概念间的联系
- 将课程中其他单元所学的概念和过程联系起来

数学的创造性思维并不是来自传授主义课堂上背下来的公式，而是需要创造性的数学知识。20世纪最有影响力的数学家之一保罗·哈尔莫斯（Paul Halmos）在他的文章《数学是一种创造性的艺术》（Mathematics as a Creative Art）中写道：

"数学是一种创造性的艺术，因为数学家创造了优美的新概念；数学是一种创造性的艺术，因为数学家像艺术家一样生活、行动和思考；数学是一种创造性的艺术，因为数学家们都这么认为。"（Halmos，1968，p.389）

数学中的创造力需要自发的、合作的即兴。数学中的创造性知识能够支撑推理和论证（Knudsen 和 Shechtman，2017，pp.177-178）。它使学习者能够即兴运用数学知识并构建自己的知识。

科学中的创造性知识

2009年,美国顶尖科学家们聚集在一起想弄清楚学生为什么在学校不能学好科学。[4]当然了,学生在上科学课,成绩最好的学生在标准化测试中取得了近乎完美的成绩。但这些都是传授主义主导的课堂,这些考试测试的是浅层知识。科学家们很快意识到问题所在:浅层知识并不能帮助学生理解科学。如果你通过记忆浅层知识来学习,你就不会明白科学是一个基于创造性知识的过程,这个过程需要时间,并且这个过程包含了每个人的潜力。当所学的科学知识都是浅层知识时,学生会认为科学知识是真实且不变的,科学家所做的就是观察世界然后记录他们所看到的;学生不知道如何像科学家一样思考,科学探究是如何开展的,或者科学家如何具有创造性。

科学中的创造性知识是大的、深层的和相互联系的。美国新一代科学教育标准(The Next Generation Science Standards,简称NGSS)强调创造性知识(例如,National Research Council,2012;NGSS Lead States,2013)。他们认为科学教育最重要的学习成果应该包括以下七个跨学科概念(crosscutting concepts;National Research Council,2012,pp.83-102):

1. 模式
2. 因果关系
3. 比例、比率与数量
4. 系统与系统模型

5. 系统中的能量与物质

6. 结构和功能

7. 系统的稳定与变化

太阳是恒星：浅层知识还是深层知识？

NGSS引用了五年级一个深层知识学习结果的例子："因为太阳距离地球更近，所以太阳是一颗比其他恒星看起来更大更亮的恒星。"（NGSS Lead States，2013，p.49）。这个核心观点包含两个浅层事实组块：

1. 太阳是一颗恒星

2. 太阳比其他恒星距离地球更近

通过浅层知识的学习，学生能够记住这两个事实组块并且认为太阳比所有的恒星都要大得多，但学生不能用浅层知识来理解和解释在现实世界中观察到的现象。

在深层知识中，这两个事实组块是嵌入到一个概念网络中的，该概念有助于学生理解他们最初的迷思概念（misconception）：太阳看起来比天空中所有的恒星都要更大、更亮，但它看起来更大的原因只是因为它离地球更近。学生可以记住事实知识并考出好成绩，但没有深层知识，他们的迷思概念就从未受到过挑战。

这七个跨学科概念是深层的、相关联的并且是能适应的。这种创造性知识支持一系列创造性科学活动，包括以下内容：

1. 收集和生成大量与问题相关的数据（受发散性思维的支持）
2. 解释和分析数据（与组合思维相关联）
3. 基于这些数据形成概念（基于想象思维）
4. 应用一般原则于具体案例（依赖适应性专业知识）

英国布里斯托尔大学化学教授保罗·怀亚特（Paul Wyatt）告诉我理解化学需要创造性知识（与他的个人交流，2018）。每一年，在具有挑战性的A-level大学入学考试中取得最高分的英国顶尖学生走进他的课堂，这些学生对自己的科学知识很有信心。但保罗·怀亚特认为，A-level考试只测试浅层知识，所以他不相信A-level考试的分数。凭借多年的教学，保罗·怀亚特认为A-level考试并不表明学生没有学会如何用这些知识进行创造性思考，因为学生就读的学校只教授浅层知识。由于学生学习的只是浅层知识，学生不能解决真实的化学问题。即使学生被某个问题难住了，他们仍然相信能够用知识解决它，只是他们无法有效运用这一知识。学生认为这个问题就像他们学过的所有浅层知识的问题一样，仅仅需要他们更努力一点。但他们越努力就会越沮丧，因为浅层知识无法解决创造性问题。

例子：地球内部有什么？

20世纪30年代，大教育家约翰·杜威教授经常用这个故事来支持他的观点，即学生所学的只是浅层知识。在参观一节

> 高中的科学课时，约翰·杜威问学生："如果你在地上挖一个洞，你会发现什么？"教室里一片寂静，没有一个学生回答，约翰·杜威重复了这个问题后，学生仍旧沉默。然后，老师礼貌地转过身小声地对杜威说："你问错问题了。"然后她转身问同学们："地球中心是什么样子的？"学生异口同声地回答："火成岩的熔合。"（Bloom，Engelhart，Furst，Hill 和 Krathwohl，1956，p.29）
>
> 这些学生学到的是非常浅层的知识，老师只有逐字逐句地问有关问题时，他们才能运用所学知识。这个故事还表明，早在20世纪30年代，甚至老师也认为浅层知识是科学教育的目的。今天，我们对科学教育的目的有更好的认识了！

保罗·怀亚特的经历与许多关于高中生知识的研究不谋而合。1994年的一项研究发现，当高中毕业生开始上大学时，他们可以解决像高中时期一样的结构良好的问题（King 和 Kitchener，1994）。但当他们面对一个开放式的、模棱两可的且没有一个明显的答案或解决方案的问题时，他们会感到困惑。他们唯一的选择就是使用他们记忆的浅层知识来试图解决这些问题，就好像这些问题是结构良好的一样。

保罗·怀亚特认为，学生拥有的浅层知识实际上阻碍了他们在化学上的创造力。他认为必须阻止教师教授学生浅层知识。这需要付出一些努力，因为学生不愿意放弃在传授主义主宰的高中所获得的策略，这一点是可以理解的。克伦·斯皮尔（Karen Spear）教授在她的大学课堂上也看到了同样的情况，她的学生在传授主义下的大课堂上非常擅长抄写、记忆和反刍讲课的内容。但他们进入高级课程的学习就会迷茫，高级课程的学习需要学生提出原创性的问题，寻找新的解决方法，或者检验自己的先入之见。但他们的教授说，学生非常抗拒"超越我们所提供给的信息进行创造"（Spear，1984，p.7）。

> 从历史的角度思考是违反直觉的。历史需要理解不同于日常的概念和解释。
>
> （Carretero 和 Lee，2014，p.587）

历史中的创造性知识

大多数学生将历史看作一系列不相关的名字、日期和地点。他们很少意识到历史的专业研究需要很多创造性知识。当然，历史学家需要知道包括小知识组块的长长的清单：什么日期发生了什么事件；重要人物的名字以及他们做了什么重要的事情；地图上的位置以及它们之间的关系；以及许多其他浅层知识。但是，历史思维要求你理解许多历史时期的概念，这些概念涉及的范围广泛，都是相关联的并且适应性很强。例如，要了解欧洲几千年的历史，学生需要学习像农民、将军、法律、牧师等概念的定义。历史中的创造性知识建立在这些可概括的概念之上，并将它们组织成由大量浅层知识块组成的一系列核心的总括概念，例如：

1. 随时间变化。改变的原因是什么？改变的形式是什么？每一个历史事件如何促进更广泛的变化模式？

2. 意义。哪些事件对历史影响最大？为什么？为什么我们要学习有些事件，而不学习其他事件？

3. 个体讲述的冲突。一个人的社会地位的变化如何改变其对同一事件的看法？我们应该如何评估每个事件的有效性？我们如何解释和协调不同事件的讲述？

4. 历史证据。什么样的文件、人工制品（artifacts）和其他相关记录是支持特定历史记录所必需的？如果某个历史事件是真实的，我们应该找到哪些文件来证明？我们应该寻找什么以及在哪儿寻找来帮助我们理解历史模式和事件？

比较这些核心概念与我之前描述的 NGSS 科学学习成果的七个跨学科概念。历史、科学和数学中的创造性知识都有本章开始时介绍的基本品质：关联性、深刻性、广泛性、灵活性和适应性。

和我在前面部分描述的科学认知一样，历史认知有力说明了为什么不牢固的知识不能支持创造力。传授主义下学习到的浅层历史知识是一连串记忆的人名、事件和日期。接受这种教育的学生相信，历史事件的总体趋势是保持不变的。他们没有意识到事件随着时间的推移发生了怎样的变化。当被要求解释一个戏剧性的历史变化及其原因时，这类学生无法回答，他们的反应通常是反刍学过的浅层事实。例如，他们会说一个特定的人在特定的日期造成了某个改变。例如，"为什么奴隶制在美国结束了？"大多数学生会说，亚伯拉罕·林肯（Abraham Lincoln）发表《解放黑人奴隶宣言》结束了奴隶制。亚伯拉罕·林肯确实扮演了一个重要的角色，但他的行为只能在复杂的社会、经济和文化力量背景下才能被理解。一些学生可能记得亚伯拉罕·林肯在1863年1月1日发布了这个宣言，但很少有学生能够解释亚伯拉罕·林肯在决定宣布的日期之前考虑的军事和政治变数。只学习浅层知识的学生不会考虑在历史变革中发挥重要作用的因素，包括文化、社会和物质力量。

当学生在传授主义下学习历史时，他们不知道历史的各种因素是如何联系在一起的。学生不知道如何把政治、经济和文化结合起来解释历史事件。2000年，研究人员要求一群美国大学生解释苏联1991年解体的原因（Voss 和 Carretero，1998）。学生的解释都没有提到经济问题、民族主义或国际环境等因素之间的相互作用。他们只学习了浅层知识，没有创造性知识，他们就不能作出深刻而有意义的解释。他们不知道该问什么问题，收集什么信息，或者如何处理一个漫无目的的、没有答案的问题。

如果不深入了解如何从历史的角度思考，很难解释为什么两个不同的人会对相同的事实有不同的解释。对立的解释在敌对国家之间尤其常见——比如冷战时期的美国和苏联。1991年苏联解体后，吉姆·韦尔奇（Jim Wertsch）教授花了一段时间待在莫斯科，采访俄罗斯高中生对第二次世界大战的看法（Wertsch, 2002）。其中一个问题是：美国在结束战争中扮演了什么角色？美国学生说入侵法国是为了帮助俄罗斯开辟抗击德国的第二战线，美国在击败德国的过程中发挥了关键作用。俄罗斯学生告诉韦尔奇教授一个完全不同的故事：他们说，尽管美国早入侵德国一至两年会给俄罗斯带来更大的帮助，但美国一直等到 1944 年才入侵德国。在俄罗斯学生看来，美国一直等到俄罗斯完成了所有艰苦的战斗才入侵德国。他们认为美国之所以等到 1944 年才入侵德国，是因为他们的武器制造商向俄罗斯和其他盟友出售武器，如果战争持续更长时间，他们会赚更多钱。美国入侵德国只是因为他们担心俄罗斯会靠自己取胜，继而主宰战后的欧洲。记住，这个采访发生在俄罗斯放弃共产主义之后以及冷战基本结束之后！

俄罗斯学生的叙述中包含了美国学生所学的许多相同的历史事实和日期。在一项浅层知识测试中，俄罗斯人和美国人在同样的测试中可能会做得同样好。但他们在学校里学到的浅层知识并不能使他们评价不同观点和参与辩论。然而，学生能够评价不同观点和参与辩论不正是我们希望所有毕业生都能做到的吗？

如今，政治辩论所需要考虑的因素并不仅仅是媒体最近对"假新闻"的关注。即使不同的群体对历史事实达成一致，他们通常也会对历史事实进行截然不同的解释。他们对于哪些事实是最重要的，以及这些事实如何在一个更大、更复杂的概念结构中联系存在分歧。参与不同的故事叙述需要创造性的知识，因此，我们需要我们的学生会做的远不止在互联网上查找一些事实。

每门学科的创造力教学

创造力往往被认为是某个学科的特定领域的技能。因此，教师进行创造力教学时，不能把创造力作为一套通用技能来教授，而是要将创造力融入到学校的每一门学科当中。当创造力训练课程采用与某一特定学科有关的活动和教材时，学生在该学科上的创造力才能得到加强，这比接受一般领域的创造力训练要强得多（Sawyer，2012，pp.58-60）。例如，心理学家约翰·贝尔（John Baer）1996年的一项研究发现，创造力训练提高了受试者的创造力，但这仅限于训练中提到的领域（Baer，1996）。约翰·贝尔要求7到40岁的受试者创作故事、诗歌、拼贴画和解答数学应用题。他发现，四个方面的任何一个方面的创造力训练都能提高受试者在这方面的创造力，而对其他三个方面的创造力的提升并没有帮助。

创造力是一种与特定领域（domain-specific）极其相关的技能。一项有关中学生的研究发现，教师教授学生如何写更有创意的诗歌后，学生的诗歌创造力得到了显著的提高。这一点也不奇怪。但这并没有从总体上提高学生的创造性写作能力，他们的短篇小说的创造性与之前相比并没有提高。另一项研究发现，创作更具创意性的短篇小说的人们与创作创造性写实文学的人的思维方式是不同的（Kaufman，2002）。

这就是为什么说儿童比成人更具创造力是一种误导观念。创造力是一种特定领域的技能，创造力是建立在该领域的创造性知识上的。这也是为什么说学校阻碍学生的创造力或学校消减了学生的自然创造力是一种误导观念。传授主义下的学校不教授创造性知识是事实，但这个问题的源头不是学校而是传授主义。在下一章，我将阐述引导性即兴教学，在这种教学方法中，学生参与的活动符合孩子们嬉戏探索的天性。传授主义确实抑制了儿童的玩性，而创造性课堂欣然接受了学生们爱玩的心态，它与创造性知识的教与学有很多共同之处。

令人遗憾的是，在传授主义引导下的学校，老师和学生的努力似乎是无用的，但问题不在于人而在于教学方法。有时我们可以假设如果学生学习了足够的浅层知识——足够的事实和程序——他们就会逐渐把这些小知识组块结合起来，逐渐形成复杂的深层知识。这是布鲁姆教育目标分类学（Bloom's taxonomy）的主要内涵之一（见图2.2）：教学应该从金字塔的底端开始，学生首先需要学习浅层知识（Anderson 和 Krathwohl，2001；Bloom 等，1956）。学生学习一个层次的知识后，他们就会假设已经准备好进入到下一个层次。这意味着除非已经学会了所有的东西，否则学生无法学会如何创造。因此，学生只有等到学期结束才能学习创造性知识。只有到达金字塔的顶端，学生才能学会用底层学到的知识进行创造。

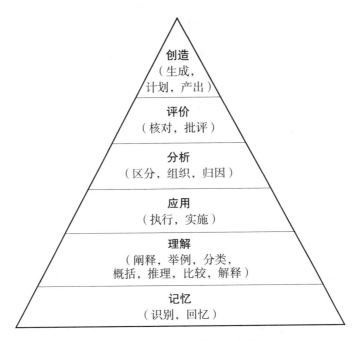

图 2.2 布鲁姆分类学金字塔

然而，研究表明，这些假设都是错误的（Anderson 和 Krathwohl，2001，pp.287-294）。甚至布鲁姆分类法的联合创始人之一戴维·克拉思沃尔（David Krathwohl）也承认没有任何研究表明必须按从低层次到高层次的顺序学习知识。1965 年，布鲁姆和其同事撰写的报告认为后来的研究最终会证明他们是正确的（Krathwohl，1994，pp.182，191）。事实上，新的研究已经表明高水平和低水平同时进行教学会更有效（Agarwal，2019）。为了创造性知识的学习，教师最好从一开始就教授创造性知识。即使是学习浅层知识——较低层次的——当你和较高层次的知识一起学习时，你的学习会更有效。

当你教授创造力时,你的学生同时在学习创造性知识和浅层知识。与传授主义相比,当你教授创造力时,学生能更好地学习浅层知识的事实和程序(Pellegrino 和 Hilton,2012)。你不必在创造力教学和取得标准化考试好成绩的教学之间进行选择。如果采用引导性即兴教学,你就可以同时兼顾两者。

注释

1. 我所提到的"创造性知识"与学习科学家使用的其他术语和概念密切相关,包括深度学习、高效学习(Darling-Hammond 等,2008)和三维学习(NRC,2014)。本章提及的大部分研究都是基于这些术语和概念进行的研究。
2. 施瓦茨和马丁(Schwartz 和 Martin,2004)称这种教学法为"发明创造为学习做准备(Inventing to Prepare for Learning,IPL)",并描述其为:"它旨在提供一个允许不会混乱的变化的广泛路径,而不是构建一个某个材料只有一个正确答案的狭窄路径。IPL 教材旨在允许教学方式的灵活性。"(pp.145-146)
3. 摩尔(Moore)的研究是对绘画艺术硕士学生的早期研究的复制(Getzels 和 Csikszentmihalyi,1976)。
4. 一些最权威的研究报告有:《下一代科学标准》(*Next Generation Science Standards*;NGSS Lead States,2013);《成功的 K-12 STEM 教育》(*Successful K-12 STEM Education*;National Research Council,2011);《K-12 科学教育框架》(*A Framework for K-12 Science Education*;National Research Council,2012);《机会均等》(*The Opportunity Equation*;Carnegie Corporation of New York,2009)。

第三章 引导性即兴

优秀教师的经验和直觉告诉他们即兴教学是帮助学生学习的最有效的方法。研究表明，有经验的教师比新手教师更倾向于使用引导性即兴的教学策略。例如，他们的教学计划更灵活，不会计划每堂课的细节（Berliner 和 Tikunoff，1976；Borko 和 Livingston，1989）[1]。专业教师有适应性的专业技能：他们用了数年时间设计与实施教学计划和课堂活动，几乎应对了学生在课堂上可能发生的突发事件。同时，他们利用这些教学法知识来创造性地扩展、修改和调整教学计划，以便能够对每个特殊情景做出即兴反应（Bransford，Brown 和 Cocking，2000；Spiro，Feltovich，Jacobson 和 Coulson，1991）。

创造力教学不是一种天生具有的技能、能力或特定类型的品质，也并不意味着你必须成为艺术家或自由思想者，或变得古怪。每个教师都可以学习如何在他们的学科中教授创造性知识。在本章和下一章中，我将介绍如何利用一系列课堂教学技能，以供每一位教师学习。

我称这种教学方法为"引导性即兴教学",学生在开放式的活动中基于教材进行自由的即兴创作。但学生的行为并不完全是自由的、不受约束的。学生的行为受结构引导,这些结构称为脚手架,它们引导学生建构知识以达到课程目标,同时教授学生创造力所需的知识。

研究表明,引导性即兴教学和创造性知识的效果是令人瞩目的。这一点在我 2014 年主编的《剑桥学习科学手册》(the Cambridge Handbook of the Learning Science)[2] 一书的每一页、每一章都有体现。引导性即兴教学是近期关于如何有效教授数学(Kilpatrick,Swafford 和 Findell,2001;NCTM,2000-2004)、工程学(National Academy of Engineering,2013)和科学(National Research Council,1996)的科学报告的主题。

与创造性学习相关的教师思维方式

1. 对特殊问题的答案和想法持开放态度。
2. 期待惊喜。
3. 建立一个信任安全的环境。
4. 支持学生反对从众。
5. 奖励好奇心和探索。
6. 建立内在动机。
7. 引导学生反思常常阻碍自己新的思维方式的假设和固定观点。

> 8. 要求学生大胆思考，而不只是得出一个正确答案。
> 9. 给学生时间思考和孵化观点。
> 10. 鼓励学生勇敢尝试，支持学生犯错误和失败。
> 11. 理解并发展将创造性与相关学科内容领域知识联系起来的方法。学生需要尽可能多地学习他们正在进行创造性学习的学科。[3]

我惊奇地发现许多教师教育项目并没有花很多时间来向教师展示如何与学生进行即兴教学。实际上，关于教学方法的教科书很少提及教师教学的灵活性、适应性或即兴实践。我的研究生斯泰西·德祖特（Stacy DeZuter）研究了职前教师教育课程中广泛使用的 14 本教学方法的教科书，以探明这些教材是否会给教师如何灵活地适应和应对课堂教学的建议（DeZutter，2011）。研究结果显示，14 本教材中只有 1 本仅有几句话提到教师教学中适应能力和即兴发挥的必要性！

这 14 本教材都强调教师事先计划课程的重要性，而不是教授专业教师所使用的即兴教学法。例如，一本 597 页的教学方法教材（匿名）中用了 100 页来描述教学如何计划，而这 100 页中，没有一页提到教师需要制定灵活的教学计划来帮助和引导学生进行知识构建。这 14 本教材中关于课堂实践的讨论环节都强调教师需要开发一套脚本化和可重复的教学策略。597 页的教材中还有 50 页讨论教学策略，这些策略都是脚本化的，且可重复的。只有一页间接提到教师教学的即兴发挥特性。

确实，教师需要学会有效规划课程；但教师如果能根据每个班级、单元和学生的情况即兴制定教学计划，教学计划会更有效。在第二章中，我介绍了创造性学习要求学生通过迭代的、不可预测的和即兴的活动学习，每个学生获得创造性知识的最佳路径都可能不同。每个学生从不同的知识体系开始学习，每个学生可能采取不同的途径获得创造性的知识。这就是为什么当老师在某个时刻即兴回应学生的需求时，学生的学习是最有效的。

在第二章，我介绍了创造性过程总是发生在有一定约束的情境中，并且在相关因素引导下的创造性学习最有效。当学生有机会即兴发挥且即兴学习过程受到课程、教学计划和教学策略的引导时，学生能更有效地学习创造性知识。

研究表明，结构化的、有指导性的教学能促进某一学科的创造力培训，提高学生的创造力（Scott, Leritz 和 Mumford, 2004, pp.380-381）。例如，凯伦·布伦南（Karen Brennan, 2012）在麻省理工学院的论文中指出，学习过多的固定程序会降低学生的创造力；学习过少的固定程序也会降低学生的创造力。研究也进一步指出，太少的结构会减少创造力。没有一些固定程序的引导，学生的学习会迷失方向。他们就不会提出新观点，或者不能坚持自己的想法。但在某一个点之后，加入过多的固定程序就会开始干扰学生的学习（Prieto, Villagrá-Sobrino, Jorrín-Abellán, Martínez-Monés 和 Dimitriadis, 2011, p.1225）。

德祖特研究了 14 本教学方法的教科书，研究结果表明，如何帮助教师学会即兴教学仍然有很长一段路要走。但好消息是，现在有越来越多的创新性教师教育项目注重帮助教师学习如何即兴教学，我想未来这些教育项目延伸到所有学校的教育中指日可待。一些成功的专业发展项目包括以下两个：

1. 芝加哥具有传奇色彩的第二城市剧院为教师们创造性教学的即兴发挥提供了一系列工作坊（www.secondcity.classes/chicago/improv-for-creative-pedagogy/）。教师可以从伊利诺伊州教育委员会获得专业发展学分。

2. 纽约东区学院教师发展奖学金项目（the developing teachers fellowship program）培训教师即兴教学的技能，教师可以将即兴游戏作为学习活动纳入他们的课堂教学（Lobman，2011；另请参见 Lobman 和 Lundquist，2007）。该项目帮助教师与学生更好地协作，更好地适应不同班级的特殊需求（eastsideinstitute.org/the-develping-teachers-fellowship-program/）。

当职前教师在安全的环境和有经验教师的引导下进行即兴训练时，他们更加能适应课堂即兴教学的模糊性、不确定性和不可预测性。他们认识到，好的教学不仅需要精心的教学计划，更需巧妙平衡结构和即兴。

> **38** 艺术启蒙
>
> 电影制作人斯科特·罗森伯格（Scott Rosenberg）于 1991 年在纽约创立了一个非营利组织——艺术启蒙（Art Start），其宗旨是帮助有困难的年轻人通过创作改变他们的生活。罗森伯格在"最后一次机会学校"（a last-chance school）教授艺术课时涌现出这个想法，"最后一次机会学校"是一所为退学或被其他学校开除的学生开设的另类高中。一开始，斯科特提供给学生项目，让学生自由探索并涌现疯狂的想法。但是，他很快就意识到这种方法行不通。在迭代和实验中，他在即兴中加入越来越多的结构化，这种即兴发挥要求学生以调查为基础。在学生的创造力有了程序引导后，艺术启蒙有效培养了学生的创造力和更高层次的思维（Wagner, 2012a, pp.142-143）。

学 会 即 兴

作为一名演奏了 40 年的爵士钢琴家，我知道爵士乐即兴演奏并不是对内心恶魔或潜意识洞察力的狂野、自由、不受约束的表达。爵士乐即兴演奏是结构与灵活、重复与新颖性的平衡。最好的爵士乐手注重过去的风格、歌曲和乐手的价值。他们的灵感来自歌曲的结构和爵士乐的传统，最具创造力的音乐家已经掌握了在这些结构和传统中表演的能力。爵士乐手并不认为这些结构是一种应该拒绝的限制，他们多年的演奏经验证明这些结构能帮助他们更有效地创作。

人们通常误认为爵士音乐家演奏一般仅凭直觉和本能，而不需要有意识地分析与理解。爵士乐需要大量训练、练习和专业知识——需要多年的训练，就这样还是在最基本的水平上演奏（Berliner，1994）。尽管我已经弹了40年爵士钢琴，我仍然在学习：我刚刚学会使用一个减和弦与一个低音的方法，在一个16小节的合唱结束时，从一个II和弦与一个V和弦之间过渡到主音。（别担心，你不会理解的！这是我的专业，爵士乐的演奏涉及很多专业知识。）爵士乐表演者已经掌握了大量这样的技巧，他们知道仍需要学习更多的知识。他们对复杂和弦结构有深刻的把握，广泛熟知大量标准曲目。排练时，爵士乐队通常会组成松散的合奏部分，放在一首歌的开头或结尾。许多听众会认为这些部分是即兴创作的；只有最有见识的爵士乐迷才知道哪部分是事先计划好的，哪部分是即兴发挥的。

如今的爵士演奏者敬畏过去的历史；他们研究如何将著名演奏家的经典作品运用到自己的排练歌曲上。一个四重奏乐队的钢琴家弹奏贝西伯爵（Count Basie）唱片中的一段钢琴独奏，或者弹奏麦考伊·泰纳（McCoy Tyner）式即兴重复乐章时，他知道其他有经验的音乐家能够辨别出这不是他的原创。但有经验的音乐家不会因为钢琴家缺乏创造力而皱眉；相反，他们更乐意看到贝西伯爵唱片中的旋律被巧妙运用或泰纳的才华被赏识。

除了这些共同的理解，大多数爵士乐的表演者形成了自己的演奏结构。在私人的演练中，他们为大量不同的歌曲插入独奏曲的片段、旋律主题。萨克斯管吹奏者查利·帕克（Charlie Parker）是有史以来最具创造力的演奏者之一，他在一次独奏中表演了包含 100 个主题的个人曲目，每个主题旋律在 4 到 10 个音符之间（Owens，1974）。然而，选择何时使用其中一个主题，以及如何将这些碎片旋律编织成一个新的独奏，都需要演奏者现场即兴发挥。

在芝加哥大学读研究生的第一年，我通过采访音乐家和观看现场表演来学习爵士乐即兴创作。但是，我不知道分析音乐学的方法，我的爵士乐学习也只能走这么远。幸运的是，我就在芝加哥，而芝加哥当时是世界上最适合即兴演出的地方。我看了几场剧场演出，其中很多特征与爵士乐相似。即兴表演者以合奏的形式在舞台上进行创作，他们交换台词，创新故事情节走向，每个表演者的回应都推动故事情节向前发展。为了了解更多，我加入了一个钢琴家团队并呆了近两年，在此期间，录制了他们的现场表演并采访了演员。我转录了演员们的对话，并分析了每一个话轮（dialogue turn），这些话轮虽然都是演员们的即兴发挥，但却神奇地形成了一种涌现的集体创造。我了解到，即兴剧场和爵士乐一样，它在结构的引导下更有创造力。所有与我交谈过的演员都强调结构、框架和指导原则的重要性。

在引导性即兴教学中，学生会面临不知道如何解决开放式问题的挑战。每个问题都应该有一些模糊性，因此解决方案像什么或者哪条路径是通向解决方法的最佳路径不是马上就清楚的。问题应设计得足够复杂，以至于学生无法通过运用记忆的固定程序来解决。一旦浅层知识无法解决开放式问题，学生就必须使用创造性的知识来解决。为了解决开放式问题，学生需要养成创造性思维习惯：学会探索问题的各种可能性，提出新问题，从失败中学习并基于失败反思自己的理解，寻找额外的信息。

一个好的开放式问题会包含几个限制和引导学生创造性解决过程的因素。研究表明，在精心设计的脚手架中进行即兴教学时，学生的学习效果最好。若教师不加以引导，学生可能会迷失学习方向，失去学习的兴趣。支架式教学通过引导学生沿着探索性路径构建单元与教学计划的预期学习结果，来引导学生的建构式学习（Davis 和 Miyake，2004；Reiser 和 Tabak，2014）。

> "最难的作业是告诉学生'画一幅画'。学生会迷失方向，显得很沮丧。学生需要结构引导来学习如何具有创造力。"（华盛顿大学的一名艺术教授，引自 Sawyer，2018b，p.156）

在引导性即兴教学中，学生学习课程的同时也学习如何辨别好问题，如何提出有效问题，如何收集相关信息，如何提出新的解决方法和假设，以及如何使用特定领域的技能来表达他们的想法并行动。

引导性即兴是有效教学的生动隐喻，因为首先，引导性即兴教学强调不提前计划；其次，课堂是一个协作性即兴。学生和教师协作即兴创作展开课堂的"表演"（performance）。教师以协作即兴的方式引导课堂,在这个过程中,教师参与并以一种巧妙地引导学生即兴学习的方式参与集体知识构建。

我们第一次在第二章中见到的中学数学老师——鲍勃·奈特,是一位引导即兴教学的大师。奈特每天教授六节七年级和八年级的初等代数与代数课。尽管他教授的是初等代数和代数这两门课程,大多数人会将这两门课与浅层知识的事实和过程联系在一起,但他使用一种即兴教学风格进行教学,强调学生理解深层概念,概念之间的联系,以及创造性地运用知识解决新问题。奈特的书面教学计划中只有几道铅笔写的本周作业,而且他很少提前一周以上做教学计划。每天,他都在课堂上现场即兴编造所使用的例子,而且他常常还不知道答案。

除了灵活开放的教学计划,奈特先生的即兴教学还受一套不成文的程序和技巧的引导。例如,每个单元都按照相同的模式:个人授课→复习课程→第一次测试→测试检查→第二次测试→测试检查。同时,每节课都由三部分组成:授课→学生做家庭作业→检查家庭作业。但这些程序并不是固定的脚本;奈特先生经常即兴改变这些程序。奈特在"检查家庭作业"时更加即兴,他在回答每个学生的问题时,都会动态地创造一个新问题,然后和学生一起解决这个问题。数学教育家马丁·西蒙(Martin Simon)称这种即兴数学教学法为"数学学习周期"(the mathematical learning cycle),他的研究也支持了奈特的观点:这种教学风格能让学生对数学有更深刻的理解。

如果引导性即兴有效,观察者通常会认为一切都是事先计划好的。例如,当外来观察员参观奈特先生的课堂时,他们经常认为他是在按照一个高度程序化的教学计划进行教学（Yinger，1987，p.44）。在研究即兴演出剧场中，我发现观众通常认为这些表演很大程度上不是即兴的，但实际情况却是这样的。特别是当即兴演出表现得非常好，出现了丰满的角色和连贯可信的情节时，大多数观众没有意识到这一切都是现场即兴创作的。他们离开剧院的时候认为"即兴表演"仅仅是提前对原来的剧本做了一些修饰（Sawyer，2003）。同样，当新手教师旁听专家老师的课时，一开始他们认为一切都是事先精心策划的。因此，要培养教师能够辨别授课时什么是即兴的、什么是计划好的的能力，而这需要时间。

在教师即兴教学的引导下，学生能够学习创造性知识，对获取的知识有更深的概念理解，记忆时间也更长。如果教师熟练地进行引导性即兴教学，那么学生能够学会学科知识，形成创造性思维习惯，以及学会如何创造性地利用该学科的知识。

引导性即兴教学方法能提高所有学生的考试成绩，它对于提高表现较差学生的课堂表现和参与度尤其有效。美国加州核桃谷联合学区查普拉尔中学（Chaparral Middle School）的六年级教师莱斯利·斯托尔茨（Leslie Stoltz）和马克·兰茨（Mark Lantz）将五年级时学生在传统教室里进行的标准化考试成绩与他们六年级时参加即兴引导课程一年后的考试成绩进行了比较（Davis，2017，p.164n1）。所有学生都高于五年级时的预期成绩，这表明了引导性即兴教学的有效性。然而，那些成绩高于平均水平的学生的成绩并没有提高太多。但是，对于成绩低于年级平均水平的学生来说，他们的学习成果非常有效，在所有三项测试中都取得了非常好的成绩。引导性即兴教学带给学生的影响一直持续到八年级,这些学生在标准化测试中的成绩仍然比在同一所学校的传统教室里的学生的更高。

协作和即兴

如果老师是独奏表演者,那么其在舞台上的即兴表演只是一种不同表演风格的传授主义。学生既不参与也不学习,优秀教师不会在被动的听众面前独奏,而会引导所有的学生进行集体即兴表演(参见 Gershon,2006;Smith,1979,p.33)。[4]

下面是在一节由课程目标引导的五年级数学入门课上(Lampert,Rittenhouse 和 Crumbaugh,1996),学生和教师共同参与即兴对话的例子。这个单元是关于函数的,这节课的目标是让学生学会用"除以2"的分数解决数学问题。

以下四组数,从第一组数到下一组数依次呈现了什么规律?四组数为:8-4、4-2、2-1、0-0。

一些小组不知道从何入手,于是,教师兰珀特小姐通过小组讨论和全班讨论的活动搭建了这节课的脚手架。当学生不知道如何解

答这个问题时,她没有直接给他们答案,而是引导学生进行了下面的即兴教学:

1. 埃莉:可以用很多算法规则找出这组数的规律,可以先除以 2,然后减去 1/2?

2. 兰珀特:8 减去 8 的 1/2 等于?

3. 埃莉:4。(回答这个问题时,班上传来喘息声,还有其他几个学生试图参与到对话中。)

4. 兰珀特:你觉得答案应该是 4。其他同学怎样认为?我之所以这样问,是因为其他同学对此应该有不同的理解。让我们来听听你们的想法,看看是否可以考虑埃莉的方法,并说一下你的解题思路。埃诺亚特?

5. 埃诺亚特:我赞同埃莉的观点,8 减 8 的 1/2 也就是 8 除以 2 或 8 减 4。

6. 兰珀特:8 除以 2 等于 4,8 减 4 等于 4?所以,埃诺亚特认同这样解答。夏洛特?

7. 夏洛特:我认为应该是 8 减 0.5 等于 7.5。

8. 兰珀特:为什么?

9. 夏洛特:1/2 是一个分数,它是一个整数的一半,所以在减去时,你不能用一个数减去这个整数,因此,你得出的结果不会大于这个整数。我知道埃莉是用 8 减去 8 的 1/2 得出的结果 4。

10. 兰珀特：所以，你的意思是减去的应该是 8 的 1/2？（兰珀特和夏洛特互相交流后，兰珀特提问沙克鲁克。）

　　11. 沙克鲁克：我赞同埃莉的解法，我要补充的是要明确必须先算出 8 的 1/2。

　　12. 兰珀特：好吧。你们明白了分数很重要的一点，那就是分数是某物的一部分。现在，我们确定这道题是计算 8 的一部分还是整体的一部分。

　　学生通过讨论提出了不同的解题方法，兰珀特没有评判哪个方法正确或错误。相反，兰珀特通过和学生共同协作即兴，引导学生构建有关分数的知识。实际上，兰珀特给学生机会来引导其建构概念性知识，也就是掌握分数的算法规则，虽然它并不在教学计划之中（在第 11 轮，沙克鲁克提出"必须先算出 8 的 1/2"的分数算法规则。兰珀特和学生协作即兴发挥从而使学生对分数算法规则有了基本认识）。学生在学习这个单元之前没有学习过分数变化规则，在兰珀特专业即兴的引导下，学生在学习分数单元时能够将分数的基本概念联系起来。

　　在这个例子中，创造性知识在学生对话中涌现。但是，关于学生的学习和对话研究有不同的说法，一些研究表明学生对话能够提高学习效果，而一些研究则表明不行。但是，一项新的研究已经证明：有时，协作对话在传授主义的课堂上似乎无效，但在引导性即兴教学下，协作可以促进学生的深度学习。这表明，协作并不总能帮助学生学习浅层知识，但的确能帮助学生更好地学习深层知识（Kuhn，2015；Pai，Sears 和 Maeda，2015；Phelps 和 Damon，1989）。

研究者已经将建构主义理论应用到课堂协作中，并将学习视为一个共同建构的过程，因为学生以小组的形式并且通过小组来学习知识（Forman 和 Cazden，1985；Hicks，1995；Palincsar，1998；Rogoff，1998；Tudge 和 Rogoff，1989；Verba，1994；Wells 和 Chang-Wells，1992）。当某个问题的解决方法有多个视角时，学生可以在协作对话中共同探讨学习。当课堂活动是即兴的且没有预定的结果和预设的脚本时，学生协作学习的效果最好。教师必须鼓励学生自由大胆地讨论，这样小组学习效果才能在小组互动中涌现（Bearison，Magzamen 和 Filardo，1986；Doise 和 Mugny，1984；Perret-Clermont，1980）。

学生协作课堂必须在教师的即兴引导下，才能有效讨论：协作会涌现创造性知识（例如，Azmitia，1996）。协作是一种通过实践、尝试和错误而发展的技能。如果经常组织学生进行协作对话，而不是偶尔安排一次课程，他们能更好地学会协作（Kuhn，2015）。

教师的即兴技巧

教师可以通过实验即兴表演演员遵守的规则来学习即兴发挥

（Sawyer，2003）。当每个人都遵守这些规则时，即兴表演更具娱乐性、戏剧性、连贯性和趣味性。优秀的即兴表演演员在第一节即兴表演课上会学习这些技巧，几乎所有你在舞台上看到的表演演员都练习并掌握了这些即兴规则。这些即兴规则是灵活的，允许演员即兴发挥不可预测的表演。换句话说，这些舞台表演都是"引导性的即兴表演"，和创造性知识教学一样！所以，我认为教师可以从即兴剧场中学习如何在课堂上引导即兴。

是的，而且

即兴最重要的规则是"是的，而且"（Yes，And）。这一规则强调在每一次对话中，演员要做两件事情：下一个表演者接受上一轮表演中已经确立的规则，然后再通过增加新的内容继续推进对话。

下面的例子很好地展示了表演者如何遵守"是的，而且"规则：

> 演出开始的5分钟，灯光打开，戴夫和艾伦各自站在舞台的右边和左边。同时，戴夫开始自言自语并向右边打手势。
>
> 1. 戴夫：啊！我的梦想商店里面到处都是可爱的玻璃玩偶制品！（转身欣赏他的商店）
> 2. 艾伦缓慢地走向戴夫。
> 3. 戴夫（转身对艾伦说）：有什么可以帮你的吗？
> 4. 艾伦（艾伦把手指含在嘴里孩子般地低头）：嗯……我想买……一个礼物？

第 2 轮表演中，艾伦"走向戴夫"的肢体动作可以有多种解释。演出开始，演员的言语和动作要包含多种意思以激发观众的兴趣。艾伦缓慢地进入戴夫的商店可能会发生各种不同的故事。第 3 轮表演，戴夫主动和艾伦搭话，确立了规则：艾伦是他商店的顾客。第 4 轮表演，艾伦接受顾客的角色设定，并基于此说她需要买什么东西。

擅长即兴发挥的教师会本能地遵守"是的，而且"规则。在下面的例子中，琼斯女士正在引导她的一年级和二年级学生进行一项即兴活动，学生在学习蜜蜂在采蜜过程中如何相互交流（Dahn, Enyedy 和 Danish, 2018）。学生假装自己是蜜蜂，跳来跳去。蜜蜂舞蹈活动经常出现在小学课堂，但这次不同的是：教室安装了增强现实（augmented reality）技术。教室里的摄像机探测到每个学生的动作，同时，投影仪屏幕通过电脑程序显示每个学生表演蜜蜂的效果，科学、精确、实时地引导学生即兴舞蹈。在下面的对话摘录中，你将看到琼斯女士是如何引导学生即兴创作蜜蜂交流系统的。但这一次，学生们创建了一个不起作用的交流系统。当学生们观看他们设计的交流系统的动画时，他们看到蜜蜂漫无目的地游荡，没有找到花朵。在下面的摘录中，琼斯女士遵守"是的，而且"规则：她接受学生创作的系统，即使它是不完善的，然后，在此基础上，引导学生理解蜜蜂交流中的相关知识。

1. 琼斯女士：亚当去采蜜，迪伦要去……（迪伦返回蜂巢）
2. 大卫：你必须装满并带回蜂巢。

3. 琼斯女士：用什么装满？

4. 许多学生：花蜜！

5. 琼斯女士：蜂蜜？

6. 杰西：不是。

7. 琼斯女士：不是蜂蜜？

8. 杰西：或许是授粉……（倾斜身体）

9. 泽德：奥！花粉！（指着屏幕）

10. 杰德：奥，我想到了。如果你想要进入这一块，必须要装满花蜜。（指着屏幕）

11. 杰西：当小红点从你身上出来时，说明你在授粉。（指着屏幕）

12. 琼斯女士：哇。

13. 泽德：啊，我知道了！（起身想要演示）

14. 琼斯女士：坐下，坐下。请用语言表述。（示意泽德坐下）

15. 泽德：我知道这样！我知道这样！所以……（坐下）

16. 琼斯女士：你明白了什么？（在泽德面前蹲下）

17. 泽德：嗯……这些小红心出来意味着口袋里装满了花蜜，然后，把口袋从……拿出，会出现一个红心，意思是蜜蜂正在用花蜜填满蜂巢。（指着屏幕）

18. 琼斯女士：你观察得很仔细。

19. 全班同学：（讨论）

不能否认

伴随"是的,而且"规则的是"不能否认"规则。"否认"是指表演者不接受前面表演者的对话。参加几次即兴表演培训课程后,你知道不要轻易否认别人,但否认仍然很常见,只是以含蓄而微妙的方式显现。

接下来的例子中,戴夫以各种各样的否认形式来否认杰克对剧情创造的贡献。如果你不是一个善于即兴发挥的人,你可能很难发现这些微妙的否认形式。

下面是一个5分钟剧情的前11轮对话。提示观众剧情发生地点为——酒吧吧台。当灯光亮起,戴夫左手放在耳朵上模仿戴耳机的动作面对着观众。第一轮对话开始前的30秒,戴夫看向镜头,随即放下耳机,开始调鸡尾酒。随后,杰克进入第二轮对话。

1. 戴夫:喝点什么吧。(假装从架子上拿出一个调酒器)
2. 杰克(走到舞台的右侧):嗯……打扰一下?(杰克懒散地提着裤子,戴夫正在调鸡尾酒)
3. 戴夫:有什么事吗?
4. 杰克:嗯,我想我是来这儿……嗯……飞行塔?找工作的实习生。
5. 戴夫:好的!你会调台克利鸡尾酒吗?
6. 杰克:当然了!我上一份工作是一名酒保。(戴夫拿起

调酒器，举在杰克面前，让他拿着并搅拌）

  7. 戴夫：非常好，因为我一直自己调酒，所以，呃……

  8. 杰克（杰克从戴夫那里接过调酒器）

  9. 戴夫：你知道我必须要先看一下……

  10. 杰克：扑哧。

    （杰克拿着调酒器，开始上下左右摇晃调酒器，发出扑哧的声响）

    啊！盖子不见了！

    （转向戴夫）

    对不起。

    真是……呃……

    （杰克表现出"真糟糕"的表情）

  11. 戴夫：哦，没关系。

    这还有一个调酒器。

    （假装从架子上取下另一个调酒器给杰克）

    来，拿着这个。

  你发现这些否认了吗？我数了三个，都是戴夫表现出来的。下面是即兴演员对戴夫表演的评价。

  在第5轮对话中，戴夫使用了一种被称为搁置（shelving）的不易察觉的否认形式。第4轮，他接受了杰克确立的规则——杰克是酒吧新来的实习生——但他立即将话题转移到调制鸡尾酒的话题上。戴夫没有明确地拒绝杰克,因为这样毫无理由。而戴夫通过表演让杰克看起来好像对调酒一窍不通。

第7轮对话是另一个搁置的例子。戴夫接受了杰克有当酒保的经验的说法,回应杰克"非常好"。在第5轮对话中,戴夫继续将表演推向不同的方向。

戴夫在第11轮对话的否认是最明显的。在第10轮对话中,杰克不小心弄丢了调酒器的盖子,把酒洒得到处都是,甚至弄脏了天花板。戴夫又一次使用搁置规则,没有明确拒绝杰克,而是回应"没关系"。

我已经多此观看了这段5分钟的场景表演,戴夫的否认推动着整个剧情的发展。尽管观众一直在笑,杰克似乎还是很享受这场表演,但我看出杰克很沮丧。戴夫几乎完全控制了剧情走向,他们两个的表演完全不是合作关系。

许多教师注重课堂讨论,他们努力接受并鼓励学生提出的观点。但教师依旧很容易以微妙的形式否认。当学生给出的观点不是你期待的,且容易偏离教学计划时,你可能会说:"太棒了,苏珊。好了,我们来看下一个问题……"有时,你并没有意识到你在否认学生。你的学生可能也没有意识到你在否认他们,但他们的潜意识告诉他们自己的观点被忽视了。有效的回应应该是即兴地和学生简短地交流,引导苏珊将她的观点和之前的讨论联系起来,基于对苏珊的答案的点评,顺势进入下一个问题。这要求教师对所教授的学科有深刻的理解,并有能力调整教学计划,进行即兴发挥教学而不是单一引导教学。

为了避免出现不易察觉的否认，教师可以和全班同学一起即兴发挥。当你采用引导性即兴教学时，课堂将会形成一种真实而强烈的讨论文化。

不要驾驭剧情

传授主义的课堂上，大部分时间都是教师在讲课（Cazden，2001）。表演时，如果只有一个表演者在即兴发挥，就不会有完整的表演情节。表演者接受集体的即兴发挥，每进入一个新场景，他们期待从即兴的对话中涌现惊喜。当进入没有留有表演空间的场景时，表演者采用"撰写剧本"（playwriting）或"驾驭剧情"（driving）的方式。剧情掌控常常伴随着否认；在酒吧的场景表演中，戴夫频繁的否认让他得以掌控剧情走向。

不要设定

"设定"是指赋予另一个表演者的角色特征、动作或思想。演员认为这样会框住角色形象，限制他们创造性地发挥，因此演员不喜欢角色被设定。下面的剧本中，安的第一轮对话的前四行都被设定了。

这是安和唐纳德的一场戏，演出开始，唐纳德在他面前举起双手，双手相距两英尺。安也举起双手，但双手仅相距约6英寸：

1. 安：当你这么大的时候，我就认识你了！（示意双手加以强调） 50

   当你这么大的时候，我还不认识你。（指着唐纳德的双手距离）

   你妈妈在产房待了那么久。

   听着，你这么大的时候我就认识你了。

   你知道你对我说的第一句话是什么吗？

2. 唐纳德：我对你说了什么？

3. 安：咕，咕。

   你当时好可爱，你现在能再说一次吗？

   咕，咕。

4. 唐纳德：咕，咕？（试探性地说，好像在想他是否做得对）

第 3 轮对话中，安告诉唐纳德应该说什么，这是一种经典的设定表演的形式。即兴表演者非常不喜欢这样，他们认为这样限制了他们自由发挥！

不要问问题

演员在表演中不要问问题，因为这很大程度会缩小下一个演员可能回应的范围。即使演员问的是开放式问题，比如"你下一步想做什么？"这仍然限制了创造性的可能性的范围。下一个演员现在必须回应接下来要做什么，而不会有其他可能性回应，比如"我喜欢你今天穿的鞋"或"约翰昨天真是个混蛋"或其他创造性行为。

学生在教师问开放式问题的引导性即兴教学中学得最好。但是，当教师提出有固定答案的问题时，学生没有可即兴发挥的空间。有固定答案的问题在传授主义下的课堂中很常见：教师提出有固定答案的问题来评估学生的理解，然后予以评价。这种教学策略非常普遍，教育研究人员称其为IRE序列（IRE sequence），即"教师发起—学生回应—教师评价"。教师通过提问一个学生，用只有一个正确答案的问题来开始IRE序列策略的教学。学生无法进行即兴发挥，只能回答标准答案。

IRE序列策略给予教师控制权，使教师能够按照每天的计划上课。IRE序列策略既减少了即兴发挥的不确定引发的焦虑，同时仍以一种简单的形式让学生参与课堂。如果学生知道可能被提问，这至少让学生不敢在课堂上睡觉！另外，IRE序列策略还具有管理学生行为的作用：当回答问题的学生说话时，其他人应该保持安静。此外，它还能帮助教师按照教学计划有序授课。最后，IRE序列策略可以帮助教师了解学生掌握了多少知识。但IRE序列策略并不能帮助学生学习（Cazden，2001）。

开放式问题和有固定答案问题之间可能存在一条微妙的界线。教师很容易问伪开放式问题（pseudo-open questions）：这些问题表面上看起来是开放式的，但实际上你正在寻找一个特定的、单一的答案。例如，在一节科学课上，教师问："艾伦，关于本生燃烧器，你知道多少？"这似乎是一个开放式问题，艾伦可以回答本生燃烧器的任何方面。但随着对话的继续，老师明确表示，她实际想听到的是关于本生燃烧器火焰燃烧条件的具体答案（Barnes 和 Rosen，1969，p.24）。

最好的问题应该是要求学生深入思考并解释他们的想法和行为。传奇的幼儿园老师薇薇安·佩利（Vivian Paley）给出了这样一个例子，她描述了关于《蒂科与金翅膀》(*Tico and The Golden Wings*) 一书的讨论中是如何问学生问题，并引导他们深入思考的（Paley，1981，pp.25-26）。在讨论进行到中间时，迪安娜声称蒂科应该放弃他的金色翅膀。佩利不同意迪安娜的观点，但佩利没有"否认"迪安娜，而是提出问题："为什么他不能自己决定他想要什么样的翅膀呢？"这个问题需要迪安娜进行更深入的思考，同时，佩利需要给学生一点自由进行课堂即兴发挥。

穿越第四堵墙

第四堵墙（fourth wall，是戏剧术语）是舞台和观众之间的假想障碍。当演员说"不要越过第四堵墙"时，他们的意思是演员不应该评论舞台上正在进行的表演。在语言学中，对正在进行的对话作出的反思性评论被称为元交际（metacommunicaiton），因为这是关于交际的交际。在包括几乎所有日常对话的情况下，元交际是高度受限的，而且通常没有合作即兴发挥的可能性。然而，在课堂上，教师需要引导性的即兴发挥，这样才能引导学生用发散思维评论对话。当学生不好好配合或不遵守即兴规则时，教师可能需要与其进行元交际。例如，当一个固执的学生"否认"同学时，教师可能需要与他进行元交际。当高中老师萨拉·艾伦开始提醒她的学生控制即兴讨论时间时，几个男孩开始主导讨论，剩余其他学生无法插话。这时，艾伦与学生进行元交际，引导他们理解自己在做什么，例如，将一场讨论录下来并展示给全班同学，同时要求他们分析结果是如何被讨论出来的（Allen，1992；Cazden，2001，p.84）。

当即兴发挥已经引导学生对某个学科领域知识产生自己的见解时，教师通过元交际引导学生关注对话。但是很难确切地知道什么时候是停止课堂即兴的最佳时机。当讨论中涌现独特的见解时，教师是否应该立即让学生注意，以便进行更深入的讨论？还是应该先记下，在讨论结束的时候再让学生注意？这种悖论就是我所说的教学悖论中的一种，在第四章，我将介绍一些解决教学悖论的方法。

最好的教师就像即兴演员一样，能够在不中断正在进行的对话的情况下间接达到元交际的目的，从而使课堂即兴也能不中断而继续进行（Sawyer，2003）。

教师需要打破即兴规则

在引导性的即兴课堂上，教师和学生不能脱离彼此进行即兴发挥。引导性即兴教学需要教师和学生共同合作、探索和即兴讨论。在即兴剧场的研究中，我称之为协同涌现（collaborative emergence），每个人在舞台上的共同行动会不可预测地使表演涌现（Sawyer，2003，2004a，2015）。即兴表演的规则旨在将每个表演者的创造力和控制力在成员互动中展现出来，最终形成集体的创造力。

教师在进行即兴教学时，不能像即兴演员一样完全任由学生即兴发挥。教师虽不是"讲台上的圣人"（the sage on the stage），但是教师仍需保留自己"旁边的引导者"（guide from the side）的责任和权威。即使是即兴自由讨论，教师仍然不能忘记当天的教学计划和课程目标。同时，要想使建构主义下的协作讨论有效，教师不能"驾驭"（drive）整个课堂。否则，就没有真正的即兴，学生也就无法通过自己的创造性过程来进行学习。

最有效率的教师在讨论的每一时刻都高度专注。即使当他们在课堂即兴表演中是作为同伴演员的角色参与课堂的，他们也需要像戏剧导演一样思考，并监督创造性知识的集体建构是如何从小组的讨论中涌现出来的。

引导性即兴的教学计划

经验丰富的教师擅长引导性即兴教学，即使这样也需要制定教学计划。即使你有多年的教学经验，在几乎所有可想象的情景下进行过即兴教学，你仍然需要按照教学计划进行教学。但经验丰富的教师，如奈特先生（本章前面提到），制定教学计划的方法与传统教学方法教科书中提到的方法大不相同。专家教师的教学计划不是照本宣科，而是即兴。比较新手教师和专家教师的教学计划，专家教师制定适应性教学计划的可能性是新手教师的两倍多（Housner 和 Griffey，1985）。当经验丰富的教师根据学生的评价注意到意想不到的学习机会时，他们更有可能现场修改他们的计划（Borko 和 Livingston，1989；Erickson，1982；Mehan，1979）。[5]

最好的教学计划能够引导学生即兴发挥，使他们遵循即兴发挥的学习轨迹，并引导学生达成课程预期的学习成果。学习轨迹（learning trajectory，也称为学习进程）是学习者从未知开始学习到最终达成预期学习结果的过程（Confrey，2006；Cooper 等，2015，p.281；Daro，Mosher 和 Corcoran，2011）。

学习科学家与认知心理学家正在合作研究能够使学生有效建构创造性概念知识的途径。最佳学习轨迹并不是一条从未知到已知的线性路径。相反，研究者发现，当学生沿着曲折的路线即兴学习时，学习效率更高。在图 3.1 中，河流表示学生的即兴知识建构；两岸表示引导学生即兴学习路径的脚手架；岩石表示障碍——许多学生在即兴学习过程中可能遇到的常见错误概念和死胡同；路标表示学生学习认知稳定的时刻，即学习者已经进行了部分学习，但还没有获得与创造性知识相关的学习思想、复杂的概念结构和理解。

学习轨迹是全新的研究领域，每一项新的研究都提供了令人欣喜和实用的建议。但是，有大量的研究已经证明这些轨迹是针对特定学

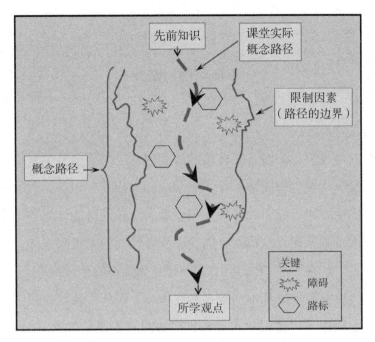

图 3.1 学习轨迹

来源:"The Evolution of Design Studies as Methodology" by J. Confrey, in R.K. Sawyer(Ed.), *The Cambridge Handbook of the Learning Sciences*, 2006(pp.135-151), New York, NY: Cambridge.

科的,并且受年龄的限制。理想情况下,引导性即兴教学应引导学生沿研究性学习轨迹学习,从而实现课程目标。

在传授主义课堂上,学生通常遵循线性的学习轨迹。线性轨迹有利于教师教授学生浅层知识,学生在固定程序下学习一个又一个知识组块。但当学习目标是创造性知识时,学生沿着非线性但有引导性的路径学习最有效。教师引导学生进行即兴发挥,使学生不会偏离预期的课程目标。

平衡结构与即兴

在制作教学计划时，我建议教师考虑的是脚手架而不是撰写脚本教案。教学计划应该能够引导学生学会即兴创作。但是，教师很难做到在最适量的固定程序和即兴发挥下教学。教师可能计划的固定程序太多，从而减少即兴发挥的可能性；或者计划的固定程序太少，这可能会增加学生的乐趣和创造性，但不能达到预期的学习结果。

这两种极端现象都不利于创造性学习，而新手教师往往会计划过多的固定程序。这种现象很正常，因为面对不确定性通常会有压力。心理学家认为，当你不知道会发生什么情况时，焦虑是一种自然反应。这种焦虑会表现得更加极端，因为教师需要引导学生完成课程目标。他们想确定学生将要达到要求的学习结果。

即使在最开放、最具创造力的学校，教师也会为引导性即兴而苦恼，他们的教学计划往往有太多固定程序。约克学校的凯文·布鲁克豪瑟（Kevin Brookhouser）几乎在每一位新手老师身上都看到过这种现象：

> 有一个清晰的课程教学计划会消除教师面临的一些可怕的变量，但我强烈建议，我们应该丢弃程序化教学。我赞同需要用一些固定程序来平衡课堂自由和限制，我不知道如何

达到确切的平衡，但我认为平衡应根据学校的文化、学生个体和每个老师的不同情况而自行设定。我更倾向于课堂自由，我总是惊讶地发现，放开对课堂的限制越多，我的学生就会产出更有趣的结果。（引自 Creason，2017）

萨拉·拉塞特（Sarah Lasseter）是北卡罗来纳州达勒姆的一名高中生物教师，她通过关于生命特征的即兴活动来引导学生学习。首先，她让学生思考，如何理解有生命和无生命。然后，她向学生展示一盒提前准备好的有生命的和无生命的物体，让学生按照有生命和无生命进行分类。在分类过程中，学生会思考这两种生命特征的区别。随后，拉塞特让学生只关注有生命的物体，并让他们重新列出有生命物体的共同特征。同时，她引导学生进行讨论并回答学生的问题。许多学生将物体错误归类，她引导学生科学准确地归类需要学习的列表。她这样描述这项活动："学生们在做和科学家、植物学家以及博物学家一样的事情：他们提出问题，验证假设，分析暂时确定的列表是否与他们的观察相符，然后基于观察不断建构并调整对相关知识的理解。"（Lasseter，与她的个人交流）。

小　结

引导性即兴是建构主义和社会文化学习理论的实践应用。大量研究表明，学生积极参与课堂并建构他们自己的知识时，学习创造性知识的效率最高。学生无法在传授主义下的可预见性和线性固定程序教学中学习创造性知识，学生必须在开放式的即兴教学中来建构知识。

我们知道，当学生的知识建构沿着恰当的脚手架引导的学习轨迹进行时，最有效的学习就会发生。教师给学生完全的自由并不能培养他们的创造力。事实上，一些研究已经表明，不受限制的创造性练习实际上会降低学生的创造力（Scott 等，2004）。

引导性即兴教学并不容易，教师需要不断平衡固定程序和即兴发挥，而这没有规则手册可以遵循。实际上，我认为用规则手册来思考创造性教学是错误的。因为我担心任何一本规则手册都会忽略引导性即兴的精髓，严格运用已有的教学策略会阻碍即兴教学。可喜的是，最新的学习科学研究有利于帮助教师设计最佳的即兴引导，解决教师面临的教学悖论：结构化和自由度的平衡，以及限制和发挥的平衡。下一章，我将介绍一些解决这些教学悖论的技巧。

注释

1. 关于教师专业知识的许多其他研究发现，有经验的教师更擅长即兴教学（例如，Nilssen, Gudmundsdottir 和 Wangsmo-Cappelen, 1995；Sassi 和 Goldsmith, 1995；Sassi, Morse 和 Goldsmith, 1997）。
2. 其他一些数据概括了相关的研究，如《应用学习科学》(*Applying the Science*

of Learning；Mayer，2010）和《面向生活和工作的教育：面向21世纪培养可迁移知识和技能》(*Education for Life and Work: Developing Transferable Knowledge and Skills in the 21st Century*；Pellegrino 和 Hilton，2012），这些研究表明有引导性的即兴是最好的教学方式。

3. 支持学生创造力的教师行为表现来自大量研究者的研究发现（例如，Craft，2005；Cropley，1997；Feldhusen 和 Treffinger，1980；Fleith，2000；Piirto，2004；Rejskind，2000；Sawyer，2012；Sternberg 和 Williams，1996；Torrance，1965，1970）。

4. 相关研究显示，最优秀的教师引导班级进行小组即兴研究（例如，Bearison，Magzamen 和 Filardo，1986；Cobb，1995；Doise 和 Mugny，1984；Perret-Clermont，1980）。

5. 许多研究已经发现，最有效的课堂互动有利于平衡程序与脚本（例如，Baker-Sennett 和 Matusov，1997；Borko 和 Livingston，1989；Brown 和 Edelson，2001；Erickson，1982；Mehan，1979；Rogoff，1998；Simon，1995；Yinger，1987）。

第四章　破解教学悖论

教授学生创造性知识的最佳方式是采用引导性的即兴发挥。学生可以通过自由的即兴探索学科领域来建构自己的知识。我们同时发现，学生在课堂上的即兴发挥得到引导时，他们的知识建构会更有效。那么教师如何平衡程序教学与即兴教学？我称之为教学悖论，因为没有单一、完美的方法来平衡程序教学与即兴教学。每个教室、每个年级和每个科目都需要不同的平衡方式。你可能已经发现，这本书没有提供具体年级或具体科目的详细课堂教学方法。当然，你也可以找到很多专门为你所教科目设计的关于教学方法的教科书。这些书能提供非常具体的课堂技巧、有用的建议以及如何专门针对你的学科进行教学。但在我看来，这些书有很多都过于照本宣科。书上基本不会教你如何引导课堂即兴发挥，或者如何设定计划去适应、培养和引导即兴发挥。我想这就是为什么很多关于教师专业知识的研究发现，当教师从新手成长为专家时，他们更会抛弃这些课本方法，因为他们已经从实践和经验中逐渐学会了如何引导即兴发挥。随着专业知识的增长，你会减少对脚本和计划的依赖，会愈加适应即兴教学。每节课、每个学期，你会更加熟练地找到最适合的方式来破解教学悖论，这些方式与你所教学科、年级水平和教学风格是一致的。

我在本章开头提供了一些适用于每门学科的通用原则，这些原则可以帮助你成功破解教学悖论。这些通用原则可以帮助你制定教学计划、教学策略，引导课堂即兴发挥，让学生学习创造性的知识，同时实现你的课程目标。在本章的后半部分，我描述了六种不同的、成功的、并能有效影响学习的环境，这些学习环境能以不同的方式破解教学中的悖论，包括旧金山的探索博物馆，这是一个非常有名的科学中心，以及编排好的脚本，即教育软件的设计，虽然这可以引导学生走一条脚本支持的路径，但该路径仍为即兴发挥提供了一定空间。

用引导性即兴进行教学是很不容易的，它比传授主义教学要难得多。要引导学生的即兴发挥，你需要掌握一整套固有的规则或程序——简短的、脚本化的课堂互动可以提供即时引导（教学方法教科书倾向于关注这些固定的规则）。但除此之外，你必须能够随机应变，灵活运用，抓住机会。为了平衡程序教学和即兴创作，教师面临着两个相关的挑战：

- 课堂实践的挑战。教师需要支持学生的即兴发挥，但也要提供发挥的结构化程序，引导他们获得符合课程目标的创造性知识。随着经验的增加，教师将掌握一整套计划、规则和程序，他们将熟练地运用它们来引导课堂即兴。
- 课程设计的挑战。当教师制定教学计划引导每节课时，课堂的即兴教学更有效。这些超前计划有助于最有效地引导学生掌握创造性知识。但是这些计划不能像脚本一样生硬地执行。教学计划应该足够灵活，允许课堂即兴发挥。

在第三章中我提到了一些研究，这些研究表明当教学计划引导学生进入有效的学习轨迹时，学生的学习效果更好。但与此同时，学生需要进行适当的即兴发挥。你不想让学生坐以待毙，等着你告诉他们该怎么做。与他们在传授主义教学中的被动角色相比，在引导性即兴教学中，学生能主动探索未知。他们提出新的问题并致力于解决他们还不知道如何解决的问题。

在创造性教室里，这两个挑战是通过引导性即兴发挥的"艺术舞蹈"（artful dance）来解决的。在第三章中，我称这种舞蹈为协作涌现（collaborative emergence），因为课堂学习流程是由教师和学生共同表演完成的。幸运的是，学习科学研究与实践的前沿探索正是集中在这些挑战上。在某种程度上，所有建构主义教学都面临着教学悖论——如果学生用脚本构建线性路径，那么他们就没有机会建构自己的知识。事实上，许多人都用相同的语言来描述他们所采用的创造性教学，并认为创造性教学是一种好的教学方法（Kind 和 Kind，2007）。

教学悖论的解决方案是设计脚手架引导学生通过学习轨迹掌握创

造性知识，这是一条最有效地引导学生学习创造性知识的概念化路径。在上一章图 3.1 中，我用河流来表示学习的轨迹，它就像小河一样蜿蜒曲折，流经岩石（即常见的错误概念）和路标（即获得部分的理解从而引导学习向前发展）。脚手架就是河流的两岸，即引导学生的结构化程序。如果设计得好，这些程序不但不会过度限制学生的创造力，反而使学生能够更有效地即兴学习。

课堂程序和学生即兴发挥之间的最佳平衡将随着你所教的年级水平以及学生自己在学习轨迹中的位置和路径而变化。这种平衡会根据课堂上的学习目标而改变。你可以调整该平衡，使其达到最适合自己教学风格的最大效果。在这一章中，为了帮助你思考自己班级的最佳平衡，我列出了六种不同的学习环境——包括学校、科学中心、创客和教育软件，每一种环境下都展示了不同的平衡。第一种学习环境——旧金山探索博物馆，程序结构少。第六种学习环境——编排好的脚本，程序结构多。它们都允许学生有一定量的即兴，从极大限度的自由发挥到极少的自由发挥。学习科学家已经对这六种环境都进行了研究。研究表明，它们都以不同的方式引导学生获得创造性知识，这些方式与学习主题、学生的水平和预期的学习结果相匹配。这些环境向你展示了思考如何平衡程序教学与即兴发挥的多种方法，有助于你找到最适合自己课堂需求的平衡。

教学悖论永远不会消失，因为程序教学和自由发挥的最佳平衡会根据学生在学习轨迹中的位置而不断变化。在这一章中，我的目标是帮助你思考如何持续管理这种平衡，来适应每个学生和每个班级。

引导性即兴的结构

当建筑工人开始在一栋新建筑上工作时，他们会搭建一个脚手架，这种脚手架是一种临时的轻质支架，围绕在建筑四周。当建筑不断升高时，脚手架为工人提供支持和所需的材料。这是一个关于引导性即兴发挥的绝妙比喻：学生们首先需要引导性的临时结构来帮助他们"建构"自己的创造性知识。正如我在第二章中所描述的，创造性知识是一种大知识、复杂的知识、深度的知识。你不可能一下子全部学会，而是需要通过一个引导的过程来学习它。传授主义教学则大不相同：当你教授小的浅层知识时，学生一次就学习一个小的知识。他们不需要脚手架，因为教师把所有知识一次性抛给了学生，学生只是获得了一长串小小的知识组块。但学习创造性知识，学生就需要一定的支持。构建庞大的、复杂的、关联的和综合的知识体系需要时间和精力。在创造性教室里，教师为学生搭建脚手架，因为他们还无法理解大知识。当他们学习创造性知识时，脚手架为他们提供支持，直到他们对创造性知识的理解达到大的、关联的和构成网络的程度。

一旦建筑完工，建筑工人就拆除脚手架。同样，一旦学生构建了创造性知识，他们也不再需要教室里的脚手架了。在学习轨迹的最后阶段，他们的知识发展成为一个复杂的概念系统，能够独立存在。此时，教师逐渐撤除（fades）脚手架。"消退"是教师监控课堂进度的一个过程，随着学生对知识的理解越加深入，作为回应，教师会小心而缓慢地撤除那些引导性的结构。

当学生第一次接触新知识时，他们需要大量的脚手架支持。在这一阶段，你应该先强调程序教学，因为学生们还没有准备好进行开放式的即兴发挥。随着学生的学习轨迹的移动，他们建构了越来越复杂和完整的知识，教师就可以撤除这些程序。随着课堂上程序教学的消退，课堂活动的即兴发挥逐渐增多。在学习轨迹的最后阶段，当学生达到你的课程目标并掌握了该单元的创造性知识时，他们就能够用这些知识进行创造。这时，他们就不再需要脚手架的帮助了。

在创造性学习过程中，程序教学与即兴发挥之间的最佳平衡不断演变。因为在教师引导性即兴教学下，学生可以自由发挥，所以教师需要以符合学生当前水平的特定方式来引导他们。当学生的即兴发挥在整个学习过程中不断收到即时反馈时，学习效果会更好。

这些反馈的过程称为形成性评价。形成性评价是一种灵活的评价，它持续关注学生知道了什么，其目的是塑造学习轨迹。与终结性评价（学生在学年结束时参加的期末考试）不同，形成性评价是真正为学生设计的，以引导他们的即兴学习。

专家教师更擅长与学生一起即兴发挥，但矛盾的是，他们也比新手教师更擅长用一整套程序教学（见第三章）。程序是指一系列标准的课堂行为、教师对学生的回应、引导性问题或提示，以及小组讨论的小突破等。这些程序可以非常有效地引导课堂上的即兴发挥。这方面的例子包括：

- 经常出现的简短对话交流。例如，你可能已经开发出一种有效的方法来引导学生解决一个已经相当普遍的暂时性错误。
- 进行一个简短的5分钟活动，你可以在该活动中回答一个学生提出的意想不到的问题，前提是这个问题要和你以前回答过的问题相似。
- 进行简短的小组活动，例如同伴思维共享（Think-Pair-Share）：在回答老师的问题时，每个学生写下一个答案；然后两两结对共同讨论他们的想法；最后，每对学生与班上的其他同学分享他们所谈论的话题。
- 将学生在课堂上提出的意想不到的问题和发现与中后期才进行学习的内容联系起来。例如，虽然你还没有准备好下一讲的内容，但你有机会将今天的学习目标与下周的单元目标联系起来。

经验丰富的教师已经制定了许多实用的程序。但他们不会用固定的规则去应用它们。教师们会自然地选择能满足特定需求的程序。他们运用每一套程序都是用创造性的、即兴的方式，而不是局限于固定的脚本（Berliner，1987；Leinhardt 和 Greeno，1986）。在最有效的教室里，教师要灵活地、即兴地平衡固定程序和脚本（Borko

和 Livingston，1989；Brown 和 Edelson，2001；Erickson，1982；Gershon，2006；Mehan，1979；Simon，1995；Yinger，1987）。教师每次不会以完全相同的方式重复这些脚本；他们按照自己的程序进行即兴教学，就像爵士钢琴家对流行歌曲的旋律进行即兴变奏一样（Berliner，1987；Leinhardt 和 Greeno，1986）。

优雅地老去

人类学家迈克尔·韦施（Michael Wesch）在堪萨斯州立大学教授"老龄化人类学"这门课程。该课程围绕一个学期的项目展开，即学生们设计一个具有教育性的视频游戏，让玩家思考在生命尽头所面临的决定——可以是为你年迈的父母所做的决定，也可以是为你自己。学生们阅读相关学术论文，例如：老龄化（药理学和神经生物学）、不同社会如何对待老年人（人类学）、游戏设计和美学（设计思维和叙事结构）以及复杂编码（计算机科学）。此外，学生们整个学期都会离开宿舍，搬到当地的一个退休社区。他们可以接触老年人、和他们交谈，也可以和他们的护理人员、管家进行对话（Davidson，2017）。毫无疑问，在设计和制作视频游戏时，学生正参与一个创造的过程。但这个创造性的过程要由教师提供许多程序引导：作业本身的限制，教师提供的相关阅读材料和概念，给学生提供如何与居民交谈的建议，以及引导学生如何收集在游戏设计中所使用的观察数据。

项目式学习与教学悖论

项目式学习（project-based learning，PBL）在培养创造性学习上有巨大的潜力。这是一种基于研究的引导性即兴教学；项目式学习的单元内容结构比较松散，引导学生的整个学习轨迹。项目式学习的研究提供了很多信息，包括如何设计一个好的项目任务以及如何为即兴发挥做计划（Krajcik 和 Shin，2014）。

项目式学习的单元是以一个开放式问题开始的。最好的开放式问题的设计是对如何开展活动设定一定的模糊性，这种模糊性是学习体验的一个重要组成部分。但是处理这一模糊性对学生和教师来说都是一个挑战。当教师首次尝试项目式教学时，他们通常会通过布置过于具体的问题来减少模糊性，甚至不允许进行引导性的即兴发挥。当一项作业过于具体时，学生就不会为了创造力而学习，因为他们可以选择线性思路找到正确答案，从而解决问题。当问题陈述非常具体时，我们称之为结构良好的问题（well-structured problem）：学生收到作业后就知道他们会在何时完成以及他们的设计或解决方案会是什么样子（见表 4.1）。随后，他们选择可预测的线性路径找到解决方案。

缅因州波特兰的国王中学

国王中学的学生中有60%的家庭属于低收入人群。22%的学生是难民，英语是他们的第二语言。多年来，学生的考试成绩一直低于州的平均水平。因此，学校的教师和领导决定选择项目式学习进行巨大的转变。在学校重新设计课程后，学生七科中有六科成绩超过州平均分；在一些科目上，他们的成绩进入了前三分之一。

学校进行了课程改革以支持引导性即兴。学生们每年至少进行两次跨学科项目，每一次为期4至12周。这些项目包括：

- 设计一个水族馆，并由当地建筑师评审
- 由外语课程的学生制作沃尔特·惠特曼（Walt Whitman）的诗歌《哦，船长！我的船长！》的CD讲述
- 编写一本名为《美国之声》的书（移民故事集）
- 编写卡斯科湾附近海岸的生活指南
- 制作使用笔记本电脑学习的纪录片
- 制作黏土动画视频以解释牛顿运动定律

（Darling-Hammond等，2008，pp.40-41）

只有当问题是开放式的，项目式学习才会带来创造性知识。解决开放式问题要求学生养成第二章中提到的许多创造性思维习惯：提出

表 4.1 结构良好问题与开放式问题对比

结构良好问题	开放式问题
呈现给学生所有解决问题所需要的事实	一些问题因素是未知的或不确定的
目标明确陈述出来，学生确切地知道他们应该做什么	目标定义模糊或不明确
明确指明相关因素和限制	一些重要的限制是不明确的，学生需在整个探索过程中去发现
列出了解决问题所需的规定、原则	不提供必要的规定，学生需自主想出他们所需要的东西
有一个正确的解决方案	有多种可能的解决方案
有一个解决问题的线性路径方案，学生可以判断他们离将要完成有多近	有多种解决问题的路径，很难判断何时能接近要完成的目标

注释：改编自 "Towards a Design Theory of Problem Solving" by D. H. Jonassen，2000，*Educational Technology，Research，and Development*，48（4），pp.63-85.

有价值的问题，密切关注相关信息，偶尔遇到死胡同或失败，在解决方案上进行实验和迭代。解决开放式问题时，学生通常会选择一条不可预测的、模糊的和不确定的道路。

但"开放式"并不意味着完全没有程序结构。在项目式学习的教室里，学生需要大量的脚手架——以参数和限制的方式——以成功解决开放式问题。在我研究设计学院的教授如何教学时，我发现设计教育使用了一种特殊的项目式学习类型。尽管他们的问题是开放式的，也仍然有很多脚手架支持（Sawyer，2018b）。例如，图 4.1 是

	对折海报：开头和结尾
任务	每个人为指定小说设计两张宽幅海报，分别展示开头和结尾的内容。内容要简短并以最有视觉冲击力的方式展示。自行选择是否使用图片。你的海报相当于该小说非常有趣的伙伴。这是一个视觉上的机会，更具体地说，是排版风险。富有表现力的展示和传播价值之间的关系是什么？你的设计过程应涉及多种解决方案。但同时也要关注问题的一个独特切入点。
你的第一批证据应该包括	1. 阅读并选择。阅读或多次阅读你的小说。思考其故事线、意义和语言的使用。想一想小说的开头和结尾是如何架构的。从小说的前几页和最后几页中选择两段文字，每段不超过100字。你不可以删除段落里的任意文字。你的任务是选择、解释和表达文字，而不是写作或编辑。 2. 收集例子。包括其他资料中具有表现力的字体，这些字体可能与你的文本有关，也可能无关。还包括其他海报上使用的具有表现力的字体。人们是如何使用和处理字母的？你如何调整他们的想法和方法？ 3. 寻找视觉材料。收集与你的文本有关的图像或其他视觉材料。要追求种类和数量。 4. 绘制视觉草图。使用可能用到的画素描的方法来绘制。最初不要担心匹配问题，要更多考虑体积、想法和常规的画法。
小说	维拉·凯瑟：《我的安东妮亚》 戴夫·艾格斯：《你应该知道我们的速度》 科马克·麦卡锡：《天下骏马》 佐拉·尼尔·赫斯顿：《他们眼望上苍》 迈克尔·坎宁安：《时时刻刻》
标准	你的每张海报都必须包括之前指定的文本内容，小说的名字、作者和年份，以便读者阅读。 海报大小：16×20英寸 海报必须统一绘制在一面。图像、颜色、类型不限。

图 4.1 通信设计课的项目任务

希瑟·科克伦（Heather Corcoran）在圣路易斯华盛顿大学教授美术专业硕士的通信设计课上布置的一个项目。科克伦提供了相当多的程序来引导学生进行创造性思维和表演。为什么她给每个学生分配同样的一本小说，为什么这本小说会从这五本小说名单中脱颖而出？你可能会认为，如果允许学生自己选择任意一本小说，他们会更有创造力。但是，有着超过15年经验的资深教师科克伦发现，学生们在预设的程序上更有创造力。另一位教授、插画师约翰·亨德里克斯（John Hendrix）告诉我，"一个好的项目有严格的限制。约束实际上允许你自由发挥。"（Swayer，2018b，p.156）

65　　研究表明，学生参与到项目式学习中时，他们的学习动机比在传授主义教学课堂上更高（Darling-Hammond 等，2008，p.42）。对于那些在传统教学课堂上表现不佳的学生来说，学习动机会增加得更多。例如，项目式学习对有学习障碍的学生效果更佳。一项研究表明，有学习障碍的小学生在转向项目式学习时，比其他任何学生受益都多（Xin 等，2017）。这是一项伟大的成就，因为有特殊需求的学生在 STEM 研究中不具有代表性，被忽视了（Israel，Maynard 和 Williamson，2013；NSF，NCSES，2013）。到目前为止，只有少数学校对有认知障碍和学习障碍的学生使用问题式教学，因为人们普遍认为这些学生从直接教学（direct instruciton）中学习会更好，直接教学方式比传统的教授方式更照本宣科。但大多数研究表明，项目式教学比脚本化的教学效果更好（Belland，Walker 和 Kim，2017）

破解教学悖论：六个案例研究

固定程序教学和即兴发挥的最佳平衡因每个年级、每次学习成果和状态标准以及每个班级而异。没有灵丹妙药可以解决教学悖论。这就是教授创造力的挑战：它总是即兴的，即兴创作总是有程序可循的，两者的平衡也总是在变化。

以下六个案例可以解释创新型教育者是如何既能突破教学悖论，还能建设性地使用教学悖论推动创新学习的。第一个案例研究即兴发挥最多，程序教学最少，最后一个案例研究即兴发挥最少，程序教学最多。在所有案例中，尽管脚手架的数量变化很大，但学生们都发展了自己的创造性知识。

案例1 探索与探究：旧金山探索博物馆

2009年夏天，我在旧金山探索博物馆呆了一个月。探索博物馆成立于1969年，是第一个科学互动中心。探索博物馆鼓励参观者触摸、修改和试验展品。在与展品互动的过程中，参观者参与了一个探究的过程，这个过程将他们引入了科学思维（Cole，2009；Sawyer，2015）。这种开放式的探究过程鼓励参观者参与到许多创造性实践中，这些实践我在第二章中提到过，例如提出有价值的问题、进行实验，以及对可能发生的事情保持清醒的认识。

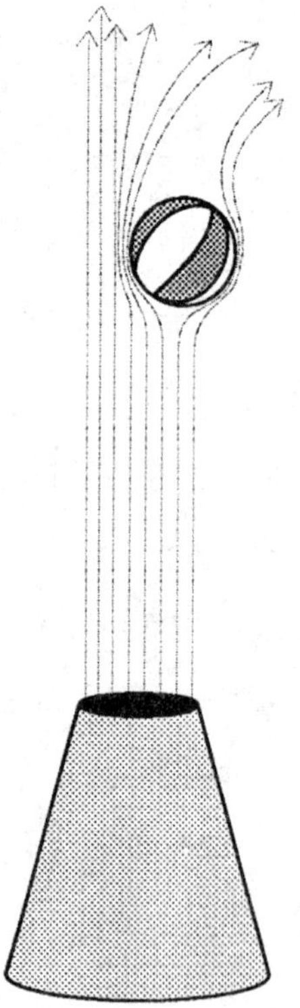

探索博物馆的每一个展览都以一种揭示自然之美、自然世界美学的方式捕捉自然现象。好的展览可以在一两分钟内展示一种自然现象。最简单的例子就是平衡球，一根管子喷出一股狭窄的气流，沙滩球漂浮在气流中，不会掉落（见图4.2）。参观者以一种近距离的、直接的方式体验这种现象。这种方式引人入胜，参观者就更想了解得更多。同时这样的方式还培养了一种探究的心态——这也是驱使科学家探索、发现、分析和解释世界的动机。

　　许多展览的开发者本身就是科学家。他们知道科学的过程具有创造性、迭代性和即兴性。他们的目标是通过不可预测的探索过程，在展区为参观者搭建脚手架支持。当参观者与展品互动和探索时，他们参与了一个创造性的探究过程——提出新的问题、保持清醒的认知，并反复实验这一现象。参观者在与展品互动时会选择不同的学习途径。每位参观者都可能从展览中学到不同的东西。开发者包容这种不确定性；当参观者认识到一些他们自己都没有预料到的事情时，开发者会非常高兴。毕竟，他们认为这也是科学家追求的探究过程。这些展览鼓励参观者像科学家一样思考——遵循好奇心和探究驱动的创造性过程，在这一过程中可以发现新的知识。

　　由于这些原因，探索博物馆引导性即兴的方法相对来说没有脚手

图 4.2　平衡球展览

架支持。馆内不设计教学计划或学习轨迹。他们突破教学悖论的方法是鼓励学习者进行即兴发挥，尽可能不按固定程序学习。探索博物馆展示了一种突破教学悖论的方法：专注创造性的即兴发挥和开放式探索，而不是依靠脚手架支持、教师引导或按标准学习。教师喜欢带学生去探索博物馆实地考察。他们可以看到他们的学生对科学充满激情。创新型教师理解探究思维的重要性，而科学课教师知道在科学中进行亲身探索可以支持创造力的发展。好奇心和探究是科学创造力的核心。毕竟，科学家并不是很简单地发现新的事实，就好像他们是世界的被动观察者。他们确实是这样。但如果科学给我们的只是更多的事实，我们只会有越来越多的浅层知识。伴随着新事实的出现，科学用创造性知识不断推进我们对世界进行深度的、关联的和适应的理解。

当你设计教学计划和问题式任务时，可以借鉴探索博物馆的方法：培养学生的即兴学习。我们面临的挑战是在这些令人兴奋的、探究的体验中添加某些程序，但又不消除激发即兴发挥的可能。当我采访一些探索博物馆的工作人员时，他们告诉我学校的教育工作者经常询问馆内的每件展品是否符合加州的科学标准。如果你不知道学生将从一个特定的展览中学到什么，那你如何将这次实地考察融入到你所教授的内容中呢？但展览开发者忠于科学的真实创造过程，在探索世界的过程中，科学家们不知道他们会得到什么答案，甚至不知道是否提出了正确的问题。探索博物馆的展览设计师非常擅长他们的工作；他们有意为参观者提供最少的学习程序。参观者所体验到的探究心态为我们提供了一种新的方式去思考如何进行引导性的即兴发挥。与其他学习环境相比，探索博物馆的固定学习程序可能是最少的。它对科学教育工作者产生了影响，即使给予学生几乎完全自由的空间学习，科学学习也可以发生。

案例2 为科学体验中心提供脚手架：EdVenture

　　探索博物馆的创新方法影响了美国和世界各地的科学中心。探索博物馆让参观者沉浸式参与科学探索、科学观察世界，并且将艺术、设计和探索结合在一起，这些方面吸引了其他科学中心。但大多数科学中心对参观者的学习过程提供了更多的脚手架支持。它们通常关注预期的学习成果，以此来设计它们的展览，该展览的学习结果要符合国家标准。因此，它们设计了一系列符合这些课程目标的展览（Serrell，1996）。

　　例如，位于南卡罗来纳州哥伦比亚市的科学中心、创客空间——EdVenture为K-8年级学生提供学习项目，教师通过展出的作品引导学生学习具体的科学内容。这些项目的程序符合南卡罗来纳州的标准。在EdVenture的网站上，每个项目都有相对应的广告，并在《学校项目指南》中列出了相应的学习结果（EdVenture，2017）。以下关于设计项目程序的例子可供教师参考，帮助教师以合适的方式设计他们的课程：

滋！工作中的电
- 年级：3—5年级
- 学科：物理

- 上课规模和时长：30 名学生，最多 45 分钟
- 指导者：EdVenture 的教育工作者
- 南卡罗来纳州标准：科学 3.S.1、3.P.3、3.P.3A

什么是电？没有它，我们的世界会怎样？学生将在该项目里学习原子模型、电子流、电的类型、电路以及在使用电时如何保持安全。学生将参与有趣的范德格拉夫演示（Van der Graaf demonstrations），创建一个生活中的电路，看看磁场如何发电，并观察泡菜被电击的情况。

许多教师欢迎 EdVenture 为他们提供脚手架支持，因为它更容易将学生活动与他们的课程目标相结合——就像"滋！"这样的项目，能帮助教师完成符合该州电子学标准的课程目标。

案例 3　在制作中学习

创客空间正在全国各地如雨后春笋般地涌现出来。试想手工艺课、家政学、艺术工作室和科学实验室的混合式学习。孩子们从事实践活动，如烹饪、缝纫、焊接、机器人、绘画、印刷或建模，目的是通过创造性与迭代性过程来设计和制作一些有形的东西，以帮助学生发展第二章所提到的创造性思维。

创客空间可以很简单，例如把房间装满塑料吸管、旧纸箱和工艺用品，就像北卡罗来纳州达勒姆的废品交易所一样（www.scrapexchange.

org）。或者它们可以用很酷的技术包装，比如 3D 打印机、可编程机器人和虚拟现实护目镜。比如北卡罗来纳大学教育学院的想象实验室（imagine lab；ccee.unc. edu/summer camp/）。想象实验室给孩子们提供便宜的小玩具和机器人，对于 5 岁或 6 岁的孩子来说，触屏智能手机的应用程序操作起来已经很简单了。与坐在电脑前写代码不同，这些程序是具体有形的，你可以看到孩子们所受到的影响。

探索博物馆和创客空间都受到了皮亚杰、杜威、福禄贝尔和蒙台梭利等有影响力的建构主义者的理论启发。这些进步教育家主张通过具体的创造性活动来强调积极学习的重要性。创造性活动是引导性即兴发挥的非常好的模式，因为该活动所体现出来的特征与探索者对创造性知识进行深度学习是相关联的：

- 学习是具身的（learning is embodied）。学习者与外部的人工制品进行肢体互动。他们的身体、感官和双手都完全沉浸在互动中。研究发现，当学习活动涉及身体时，学习创造性知识更有效（Abrahamson 和 Lindgren，2014）。
- 知识是外化的。在创造中，学习者发展的知识可以从外界的客观物体中获得。这有助于学生发展元认知，即反思自己理解过程的能力。研究发现，元认知技能可以提高学习者学习深层知识的能力（Winne 和 Azevedo，2014）。
- 学生的学习动机是内在的。在一项对数百名创客业余爱好者的调查中发现，他们都喜欢自己正在做的事情，包括模型火箭爱好者、家庭酿酒师、摩托车赛车手和音乐家。他们的爱好不是为了获得成绩，也不是为了给任何人留下深刻印象（Pfaffman，2003）。心理学家称之为内在动机，研究表明，当学习者具有内在动机时，他们更有可能进行创造性学习（Järvelä 和 Renninger，2014）。当人们制作东西时，他们比在学校学习时更有动力。几乎没有什么比做一些你看得见摸得着的东西更能激励人了。当学生被问及"你最喜欢什么课？"时，他们可能会选择上过的任意一门课程，他们总是描述那些他们可以直观地看到他们所学的东西的活动。创客活动可以促进任何学科的学习；这些学生提到了所有学科的课程，包括音乐、英语语言艺术以及数学。

大多数创客活动发生在课堂之外、放学后的俱乐部或科学中心。创客空间的设计很少能带来特定的学习结果。大多创客空间可以平衡教学悖论，例如探索博物馆：它们支持学生进行即兴的知识建构，但提供的建构程序很少。事实上，探索博物馆有自己的创客空间——探客工作室（The Tinkering Studio；www.exploratorium.edu/tinkering/），它开发的活动现在在全国各地的创客空间中被使用。但教师很难将创造活动融入到必修课程中。

和教师一样，当父母周末带孩子去创客空间时，他们并不确定如何处理孩子们遇到的诸多可能性。父母带着孩子参观创客空间时，他们通常会引导孩子制作一个特定的物品，可以带回家展示给亲戚和拜访者。父母希望孩子为他们自己的发明感到骄傲，并希望通过制作激发孩子对科学和工程的兴趣。他们带回家的这些发明是父母和孩子一起度过的回忆。

北卡罗来纳州教堂山基德祖儿童博物馆创客空间的经理杰瑞特·格林-瓦夫里蒂斯（Jarrett Grimm-Vavlitis）告诉我，父母总是关注最终发明的成果，而没有引导孩子经历反复操作、不可预测的设计过程，这种现象很常见。但当孩子们做出看起来一团糟的东西时，他们会更好地学习创造力。在回家的路上，它可能会在车里散架，几天后，它可能就不值得保存了。有时候，与经验丰富的教育者一起参加计划好的工作坊可能学习效果会更好，他们会鼓励孩子们从反复设计、失败和实验中学习，在这种环境中，孩子们接受失败，而不是避免失败。

案例4　课堂中的脚手架创客与博物馆活动

许多学校正在通过增加某种程度的额外程序来适应创造活动以及适应博物馆活动的自由性和创造性，以这种方式引导即兴创作来建构符合课程目标的创造性知识。

图4.3表明可以用两种不同的方式构建同一个创客活动。在这个活动中，学生们制作一个物体，然后放入风筒中。一家博物馆使用了图4.3左侧所示的方法，没有为任务指定目标。他们允许学生自己决定做什么。第二家博物馆让学生进行同样的活动，但对其方式进行了修改，如图4.3右侧所示。他们建议参观者在指定的范围内工作：制作一个在这两条线之间悬停的物体。你所选择的方法将取决于你的学

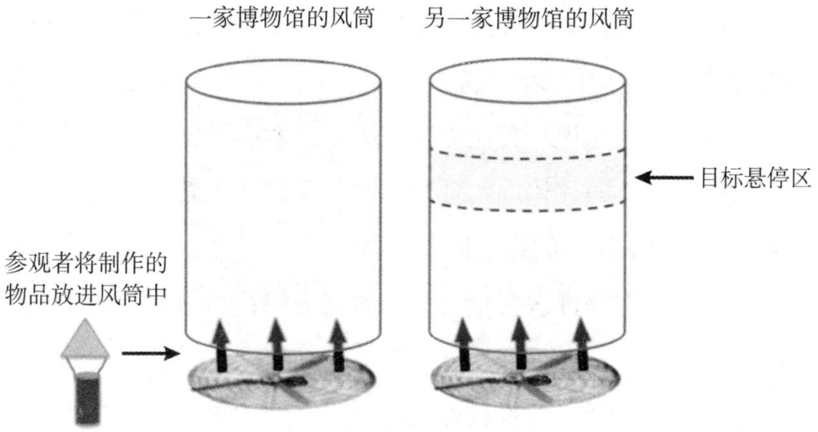

一家博物馆的风筒　　另一家博物馆的风筒

← 目标悬停区

参观者将制作的
物品放进风筒中

图 4.3　创客展览中的两种变化方法

注释：右边的风筒给参观者提供一个可选择的目标；左边的风筒允许参观者完全自由地定义自己的目标。摘自 The ABCs of How We Learn: 26 Scientifically Proven Approaches, How They Work, and When to Use Them (p.157), by D. L. Schwartz, J. M. Tsang, and K. P. Blair, 2016, New York, NY: Norton.

习目标在展览中的具体程度。

当学校举行创客空间活动时，它通常与项目式学习的单元内容整合在一起。这种创造活动和项目式学习的结合有很大潜力来支持创造性知识的学习。本章前面，我提到了一些研究成果：当有恰当类型的问题、参考因素和目标引导学生学习时，他们会从项目式学习中学到更多。例如，一项研究比较了两组建造模型火箭的学生（Petrosino，1998；Schwartz, Tsang 和 Blair，2016，p.157）。一组学生完成了目标活动，而第二组学生需要完成一个额外的目标："创新一种设计方案，美国国家航空和宇宙航行局（NASA）可以用这种设计与它的新火箭模型套件一起使用。"此外，研究还要求学生测试火箭的某些特定特征对飞行的影响，包括散热片的数量以及火箭使用的油漆材料。当后来提问两组学生"这个活动的目的是什么？"时，第一组说："造火箭。"他们只学到了浅层知识。相比之下，第二组发展了创造性知识。他们可以说出很多所学的具体的物理原理，并且都认为教师举行此次活动的目标是学习更深层次的物理概念。

模型火箭研究和许多其他类似的研究表明，当你给开放式活动添加程序时，学生通常会更好地学习创造性知识。这种额外的程序对于需要引导学生达到特定课程目标的教师来说尤为重要。但在构造这些活动时要十分小心，这一点非常重要。当学校第一次将创客或探究引入课堂时，他们强加给学生太多的程序结构是很常见的。我听到一些人说创客和探究活动在学校行不通，因为它们无法满足课程目标和规定的评价。但以上研究表明创客和探究活动是能够引入课堂并能实现预期的目标的（Halverson 和 Sheridan，2014）。

案例5　课堂中脚手架支持的创作：FUSE 工作室

如今，全国各地的学校都成功地利用引导性即兴把创作融入到他们的课程中。鹰湖学区（Eagle Lake School District）是一个典型例子（Stevens 等，2018）。鹰湖开发了一门基于创客的课程，利用引导性即兴让学生获得所需的科学知识。一个叫基拉的女孩用 TinkerCad 三维建模软件设计了一个指尖陀螺并用三维打印机打印了出来。指尖陀螺的确呈现出了立体的形态，其他孩子看到后觉得很酷，便询问基拉怎么做。基拉自豪地教他们如何做。知识渊博的创客者和教师的双重角色赋予了她创造力。基拉说："我从来没有想过我能做这些事情。"另一名学生塞西莉亚在 Minecraft 中创建设计了一个新的乌托邦社区。她同样具备了创造者的能力，她这样描述她的学习经历："你学习如何……克服困难，所以我想有多种不同类型的学习方式。"

  鹰湖正在使用一种创新的 STEAM 课程（科学、技术、工程、艺术和数学），该课程被称为 FUSE 工作室，并且芬兰和美国的 130 多所学校都已经在使用这类课程（www.fusestudio.net）。FUSE 课程包括 30 个 STEAM 的挑战系列，就像视频游戏中的晋级。这 30 个挑战包括机器人编程和在三维空间建造一个梦想的家。FUSE 为创造活动增加了许多脚手架支持。但即使有很多程序，一些人开始也持怀疑态度，认为这些活动不够有条理，结构性不强。一些科学老师甚至不认为这是一堂科学课；有人说："我在创客活动中看不到科学。"从他们的角度来看，设计和打印一个指尖陀螺需要你的哪些科学知识呢？当你在 Minecraft 中建立一个世界时，专家可能会问，"你学到了什么科学原理？"但这些担忧集中在浅层知识和知识的覆盖面上。FUSE 旨在教授科学和探究的概念，这种概念是核心的、交叉的、基础的，比如模式及因果关系；教授创造性知识而不是浅层知识。FUSE 让学生参与到和探索实验室一样的开放式探究思维中，但它又增加了引导学生的学习轨迹的程序结构。FUSE 证明了引导性即兴比无程序结构的游戏和探索更有效。在第五章中，我详细阐述了 FUSE 项目的经验，并就如何在课堂上引入符合课程大纲、评价和标准的引导性即兴提出了建议。

案例6　利用编排好的脚本支持即兴

当学校首次将新技术引入课堂时——无论是教育软件、平板电脑应用程序还是互联网工具——教师们发现以与之前同样的方式继续教学是最容易的。例如，他们可能会将新技术运用到看起来最能有效支持现有教学计划或活动的任何地方。但当新技术融入到现有的教学中时，它很少对学生的学习产生更大的影响。当学生考试成绩保持不变时，新技术就像你花钱去买华而不实的新玩具。但新教育技术的真正潜力在于从传授主义教学到创造性课堂的转变。这需要你改变对教学计划和教学策略的思考方式。如果你继续用同样的方式教学：用科技做着用铅笔和纸就能做的事情，那么购买电脑就是浪费金钱。

有些学校增加了创客活动，但只是通过增加课时来完成，并在另一个独立的教室里利用材料和技术进行创作。这是将创作引入学校最容易的方法，因为它将这些新活动与学校的其他活动分开进行。其他课堂和其他学习时间，教学方法都是一样的。在本书中，我已经说明只有把创造力训练融入到每一堂课、每一个科目中，它才会发挥最佳效果。创作也是如此：如果继续以同样的传统方式教授每一门学科，学生不会从中学到创造性知识。深层次的变革是很难的。当教师们第一次学会利用新技术进行教学时，对他们来说可能是一个挑战。但引导性即兴的规则会帮助教师完成这一挑战。当教师们第一次使用技术引导即兴时，这有助于新教学计划变得相对结构化（Dimitriadis，2012）。

当几组学生在一个项目上合作时，程序引导会特别有帮助。研究发现，合作对学生来说是具有挑战性的，如果没有引导性的程序，项目小组的合作通常是无效的（见第三章）。计算机支持的协作学习（Computer-Supported Collaborative Learning，CSCL）最新的一些创新可以让我们深入了解技术如何支持协作课堂即兴的。设计新的计算机支持的协作学习实验旨在支持团队的协作动力，使学生更容易从协作中学习（Stahl，Koschmann 和 Suthers，2014）。

为了帮助教师利用这些新技术转变他们的教学方法，一些尖端软件为教师提供编排好的脚本，为他们提供所需的结构，以应对课堂上的许多新变化。[1] 编排好的脚本是一种教学计划，包含了一系列精心设计的活动，例如小组讨论和个人作业。该编排好的脚本还包括教学策略——我前面所提到的一整套规则或程序，教师可以在课程的特定点上使用它们。

编排脚本的第一批开发者很快就遇到了教学悖论。好消息是，这些脚本提高了教师使用新技术的效率。坏消息是，脚本太过程序化，学生无法即兴建构自己的创造性知识。这就是为什么当今研究的前沿还在探索如何引入即兴的灵活性，同时保留脚本的优势来支持教师的教学。

在西班牙的乡村小镇西加莱斯的奥地利安娜小学（the Ana de Austria primary school）为教师引入了许多新技术，包括数字白板、平板电脑和一起涂鸦（Group Scribbles）等软件（Dimitriadis，2012）。附近的瓦拉多利德大学（University of Valladolid）的一组研究人员研究了教师如何安排 6 至 8 岁的学生进行课堂即兴发挥。他们的目标是更好地理解如何编排脚本，使学生在一定的结构化程序里即兴发挥。

研究人员首先观察了几堂课，看教师们如何平衡教学悖论。在一节简单的算术课上，教师用了很多引导性的结构程序，但又给学生的即兴留出了一些空间。平衡程序的使用和创造力的培养是非常考验教师智慧的，研究人员不得不创建一个复杂的图形工具来捕捉课堂流程。图4.4展示了一堂数学课的教学轨迹，利用人的视觉习惯展示了教师程序化的教学计划，以及她在该计划中的即兴教学（Dimitriadis，2012）。黑体字的项目没有写进教学计划；这些项目会在教师的即兴教学中体现出来。该过程图比较复杂，但不必过分担心具体细节。只要快速浏览一下黑体字的内容，你就会发现课堂教学大部分都是按照教师计划的方式展开的。事先没有计划的即兴发挥所用的时间，也就是黑体字的项目，是课堂内相对较小的部分。

为了帮助教师开发融合技术的教学计划，同时增加即兴发挥的潜力，研究团队创建了一个专业发展工作坊。他们使用类似于图4.4的过程图来帮助教师反思自己的实践，并领导了一场关于如何平衡课堂上的固定程序和即兴发挥的讨论。结果很有说服力：专业发展工作坊能帮助教师更有效地平衡教学悖论。他们变得更加自如，能够根据课堂的节奏安排即兴教学。他们能制定更灵活的计划，允许学生的即兴发挥。

这看起来似乎是违反直觉的，但引入编排好的脚本实际上给了教师更多即兴教学的信心（Prieto, Villagrá-Sobrino 等，2011, p.1224；另见 Prieto, Dlab, Gutiérrez, Abdulwahed 和 Balid, 2011）。正如第三章中提到的，教师在第一次尝试引导性即兴教学时，通常会感到焦虑，

第四章 破解教学悖论 115

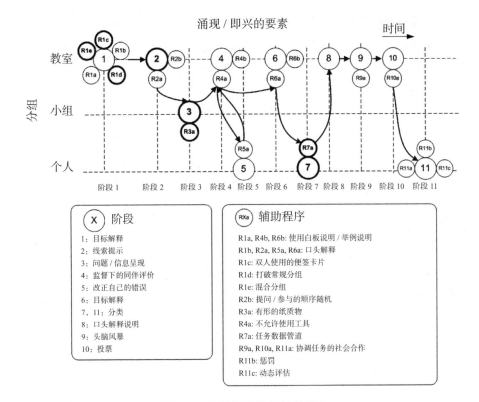

图 4.4 数学课上编排好的脚本

注释：来源于"Supporting Teachers in Orchestrating CSCL Classrooms" by Y. A. Dimitriadis，in A. Jimoyiannis（Ed.），*Research on E-Learning and ICT in Education*（p.79），2012，New York，NY：Springer。

因为很难预测学生如何或何时能达到预期的学习效果。研究人员帮助教师设计脚本，以减少课堂上的不确定性，使教师能够在脚本的开放部分更有信心地进行即兴教学。这些脚本是教师自己即兴学习的脚手架。随着教师对精心设计脚本的经验的积累，他们越来越可能设计偏离教学计划的脚本。研究人员开始在每堂课上看到更多的即兴教学，因为教师们把不同的教学程序结合起来,并临时发明了新程序。

与本书中其他引导性即兴的例子相比,图 4.4 看起来非常程序化。事实上,新的研究表明这些脚本需要增加其灵活性。例如,脚本的设计应使其能够随着教师对教学计划经验的增加而"消退"。在西班牙西加莱斯的奥地利安娜小学的研究中,研究人员发现,有经验的教师会进行更多的即兴教学,这也证实了我在第三章中描述的研究结果(Prieto,Villagrá-Sobrino 等,2011)。学习科学家们正在设计新的脚本,这些脚本会相当灵活,能够适应不同的课程目标和不同的教学风格。当脚本具有足够的开放性来支持课堂上的即兴教学时,教师可以在不断平衡教学悖论的同时,运用自己的专业判断对脚本进行即兴改变。

从新手教师到即兴专家

适应教学中的悖论是需要时间的,许多新手教师对自己进行即兴教学的能力感到紧张是可以理解的。事实上,几乎每个行业的初学者——不仅仅是教师——都喜欢按照一步步的说明提示来高效做事。教师会问到如何管理课堂、如何组织课程、如何制定符合当地和国家标准的评价、如何管理小组工作,以及如何公平评定成绩等具体的细节,这都是很正常的(Bransford,Derry,Berliner,Hammerness 和 Beckett,2005)。新手教师可以在有关教学方法的教科书中找到这些具体的说明。正如我在第三章所说,这些书大多都只关注为课堂提供更多结构的技巧,这对新手教师来说是很有价值的。但随着教师的信心增加,特别是当他们掌握了更多精心设计脚本的技术后,就会对引导性即兴教学感到得心应手了。

关于教师专业技能的研究发现,新手教师在刚开始学习如何教学时,会更多依靠脚手架帮助,就像学生在开始学习新单元时需要更多的脚手架支持。奥地利安娜小学的教师们喜欢使用编排好的脚本;这有助于他们充分利用新技术来应对修改教学计划和教学策略的艰难挑战。作为一名教师,随着不断学习和成长,脚手架就可以逐渐撤除,这样你的课堂就会变得越来越即兴。从新手到专家教师的转变是一个逐渐减少程序、不断增加即兴的过程。

许多教师的职业生涯大致经历了三个专业技能阶段(Boote,2004;Tsui,2003):

1. 职业生涯第一阶段,新手教师正学习如何开发和传授连贯性的课程,他们的教学计划是相对程序化的。

2. 几年后,教师进入职业发展的第二个阶段。他们现在可以回顾每天教室里发生的事情,反思他们的行为,并调整第二天的计划。

3. 在专业发展的第三个阶段,即最后一个阶段,教师可以跨越现有课程可选择的程序,能够创新自己的新课程和课堂实践。

有关教学法的教科书所提供的支架对新入职的教师是必不可少的。当你掌握了这些教学程序,方法自然会得心应手。把这些程序看作是训练轮(training wheels)。不断反思自己的教学实践,关注你的教学计划如何平衡固定程序和即兴发挥。努力淡化这些课堂脚本,发展你自己引导学生即兴发挥的能力。摆脱这些训练轮自由地进行即兴教学吧!

即兴教学游戏

妮可·谢赫曼和珍妮弗·克努森(Nicole Shechtman 和 Jennifer Knudsen,2011)为旧金山湾区特困地区的中学教师举行了一场为期两周的暑期专业发展强化工作坊,围绕一套即兴教学游戏(TIGs)展开。其目标是帮助教师教授比例推理和几何坐标这些深层的大数学问题。比如一个名叫"为什么,为什么,为什么?"的游戏侧重于教授关于比例的核心概念,但教师们有时也没有深层理解这个概念,这一概念可以解释为什么交叉相乘可以用来评价等值分数。

工作坊的目标是帮助教师在争论的实践中为学生搭建脚手架,引导他们获得创造性知识。我们发现,学生参与到争论实践中能够学习到数学方面的创造性知识,包括概念理解和适应性推理(adaptive reasoning)。

工作坊教授了"教学行为"(teaching move),研究表明,这些行为有助于提高学生争论的技能，比如"鼓励学生积极主动"或"发表同意或不同意的看法"。他们的工作坊是围绕即兴教学游戏设计的，其中有三个部分，正好对应一个好论据的程序结构：推测、证明和总结。

研究人员比较了这些教师与其他未参加工作坊教师的数学课上的学生争论次数，他们发现前者课上学生的争论次数明显更多，而且都是促进学习的有效争论。[2]

以学科教学内容知识进行即兴教学

要教授引导性即兴，你必须十分了解你所教的学科。如果你学到的都是浅层知识，那怎么可能教授创造性知识呢？如果你不知道创造性知识是什么，就不能引导学生通过学习轨迹获得创造性知识。

人们说那些不会做的人，就去教书吧。他们大错特错！比大多数人的认知还错得离谱。更准确的说法是，那些会做的人——例如，专业的研究科学家、全国排名靠前的棋手或世界级的厨师——通常不能教授他们领域的知识。要用引导性即兴发挥进行教学，仅仅拥有学科领域的内容知识是不够的。你需要拥有教学法相关的内容知识，即以学科特定和独特的方式进行教学的能力（Shulman，1987）。教师必须拥有以下条件才能进行有效的引导性即兴教学。

1. 创造性教学要求教师具备学科内容知识。他们知道的东西几乎必须与他们领域专业人士知道的一样多。你需要在学科领域的课程中学习内容知识。

2. 创造性教学要求教师具备教学法知识。他们必须知道管理和鼓励学生的技巧、技能和诀窍。你需要在教师教育课程中学习教学法方面的知识。

3. 但是，仅仅知道如何教的基本技能并不能为你教授创造性知识做好准备。你需要将这两种不同类型的知识结合起来，才能以引导性即兴教学生。大多数参加教师教育项目的毕业生在工作一两年后表示，他们希望在职前项目中能够学到更多关于如何将学科内容和教学法知识相结合的知识。

在传统教学教室里，教师为一天的课程制定了一个完全按程序教学的计划，如大部分时间在讲课、确保控制课堂教学，教师可以只对学科内容有较浅的理解，掌握一些简单的教学技巧，然后就能上课。你不需要创造性知识和适应性的专业知识来支持你的引导性即兴教学（Feiman-Nemser 和 Buchmann，1986；Shulman，1987）。但教学法的内容知识——这种支持引导性即兴教学的知识是一种创造性知识。当教师在他们所教学科中拥有创造性知识时，他们才能做好准备使用引导性即兴来教学。

一些教育改革者试图完全消除即兴发挥的需求。他们提倡直接教学，给教师一个逐字逐句的脚本，用于每天的课堂教学（Sawyer，2011b）。直接教学有时被称为"防范教师"（teacher proofing），因为几乎任何人都可以做到。你不需要非常了解教学，也不需要具备创造性知识或引导即兴教学的能力。如果你是直接照本宣科，并且课堂是完全程序化的，你不必对学科内容了解太多。基本上，你只需要成为一名优秀的脚本朗读者——善于发出自己的声音并吸引全班的注意力。

当教师不太了解一门学科时，他们更有可能把他们的课堂程序化，他们可能不太欢迎学生的创造性回答和问题（Beghetto，2009）。但为了实现创造性的学习结果，教师应该鼓励学生提出一些意想不到的问题，正如我第二章所提到的。最好的教师能够随机应变，引导学生以创造性的方式思考他们的问题。为了能对一个意想不到的问题进行即兴回答，你通常要会利用学科领域的知识，而这些知识不一定是课程的一部分。有关教学法的内容知识为你提供了进行引导性即兴教学的专业知识。

小　　结

教学悖论是永远存在且不断变化的，没有什么办法让你在一年开始的时候就能恰当地运用它，从而期望这个方法能消除教学悖论，这样你就在一年中剩余的时间里忘掉它。在创造性课堂上，固定程序和即兴发挥的平衡不断变化，每堂课的每一时刻都是如此。即使在图4.4所示的高度程序化的课堂活动中，学生仍保留了一些自由，在程序中他们可以进行即兴学习。你很难预测什么时候需要加入更多的程序，或者什么时候应该减少程序，让学生更自由地探索。

与传授主义教学相比，教师第一年的即兴教学将更具挑战性。传授主义照本宣科的特性反而更加使你坚定——即兴教学才是你现在应该做的事情。如果教学偏离了你的计划，至少你知道做错了什么，并且知道下次如何修正它——要多研究教学计划，并确保能够一直坚持下去。

引导性即兴教学是很不容易的。站在所有学生面前，你不知道他们可能会说什么或做什么；不知道接下来需要什么知识或教学策略来引导学生前进；不知道学生到底会学到什么，或者可能需要多长时间，这都需要教师有很强大的信心。在解决这些问题之前，你不知道如何应对。一开始教师是很畏惧的。但随着经验的积累，所有的研究表明，你会学会如何即兴教学。你会看到，学生正在学习创造性知识。他们学习必需的学科领域知识，而且他们会学习更深层次的概念性理解，一个整体的系统和框架，利用他们的知识进行思考和解释的能力，以及调整他们的知识，将其迁移到新的环境中进行创新的能力。你会看到，学生对所学的知识记忆得时间更长、理解得也更深入。

当你看到即兴教学给学生带来的益处时，年复一年，你会开始相信引导性即兴教学的魔力和它对学生学习的影响。你会相信自己有能力引导每个学生在你的学科中获得创造性知识。

注释

1. 关于编排脚本的研究，详情见 Dillenbourg，Järvelä 和 Fischer，2009；Fischer 和 Dillenbourg，2006；Prieto，Dlab 等，2011。具体研究来源包括 Dimitriadis，2012；Prieto，Dlab 等，2011。这些论文讨论了与引导性即兴有关的各种概念，包括"反复性程序结构"：计划好的与"指定的程序"；"公式化的即兴"；以及"转述性即兴"。
2. 关于数学中的论证能力和创造性知识的研究来源可以在全国数学教师委员会的原则和标准（National Council of Teachers of Mathematics，2000–2004）中找到。基尔帕特里克、斯瓦福德和芬德尔（Kilpatrick，Swafford 和 Findell，2001）表明，当学生产生数学猜想并证明其正确性时，他们会学到更多关于数学的创造性知识，包括概念性理解、程序的流畅性、策略性能力、适应性推理和富有成效的处理能力。

第五章　具有创造力的学校

创造力是基于创造性知识的：对复杂概念、模型和框架的深刻理解（见第二章）。创造力是一种特定的学科能力，创造性教育应在每一门学科上都关注一种新的教学方式：用引导性即兴教授该学科的创造性知识（见第三章）。有了引导性即兴，学生可以更好地学习学科领域的知识。他们能记住所学的知识，更好地理解它，并能将所学知识应用于解决各种各样的问题。最重要的是，他们可以利用这些知识进行创造。

在创造性的课堂上，教师引导学生运用探索性的方式学习，通过学习轨迹，获得创造性知识。教师利用程序化的、但可调整的教学计划和课堂活动引导学生。在经过重新设计以支持这种新型教学法的学校中进行创造性教学最有效。在培养创造力的学校里，一切都与创造力的理念相一致：学校文化、领导力、结构和评价。在本章中，我描述了学校和教师如何共同努力完成创造性教学的重要工作。

学校是复杂的组织，与其他组织一样面临着许多相同的挑战，包括非营利性和营利性组织。创新性组织的相关研究发现，它们有4个共同的重要特征（Sawyer，2017），每个特征都可以运用到学校中：

- 重视创造性学习和认知的文化，而不仅仅强调浅层知识的覆盖面
- 优先培养创造力并给予教师所需支持的领导者
- 支持创造力教学的组织结构
- 既关注创造性又关注浅层知识的评价

在本书中，我描述了在培养创造力教学方面做得很好的学校。所有学校都具备这四个相同的特点。在以下四部分内容中，我借鉴这一研究，描述创新型学校在文化、领导力、程序和评价方面的现状。

创新型学校的文化

一所学校的文化包括所有人共享的、隐性的、未言明的信念，以及每个人都默认的社会实践、思维和行为方式。这些信念和实践似乎很正常，没人想质疑它们。它们自然而然地影响着每个人，这就是学校文化的本质。

一所学校的文化使其在某些方面更容易教学，但在其他方面的教学更难。在许多学校里，这些文化信念和实践都无形地与传授主义保持一致。在这样的学校里，教授创造性的知识可能就是一种挑战。

例如，一种共同的文化假设是指学生应该安静地听老师讲课。学生们需要记住老师说的话。我们知道这种教学法行不通，但很难改变根深蒂固的文化传统。还记得第一章中孩子们画的教师的素描吗？他们都画了一位女性，站在黑板前给全班讲课。当一位家长参观一个传统的教室时，他们看到了心目中课堂的样子：孩子们坐成一排，安静而专注。教师站在前面讲解课本上的内容。他们看到的画面令人熟悉且欣慰，因为它们与传授主义未言明的文化信念是一致的。

因为这些传统根深蒂固，变革教学需要我们直接挑战这些文化传统。将学校文化从传授主义转变为创造性的教学，教师可以发挥重要作用。文化改变的第一步是向社区说明那些未言明的传授主义的信念。接下来，分享本书概括总结的研究，这些研究表明，传授主义导致学生不理解知识，而且很快就会遗忘。这时，你可以向学校抛出一个最重要的问题："我们重视什么？这就是我们希望学生学习的东西吗？"大多数学校的答案都会是坚定而响亮的"不"。你们已经准备好共同建设一所富有创造性的学校。

我建议你也多花一些时间帮助学生学习如何在这种新型新课堂上取得成功。当学生第一次体验引导性即兴时，他们有时会推脱。他们无法使用在传授主义课堂中对他们有效的课堂行为和策略。我们对如何成为一名好学生的看法是基于根深蒂固的文化传统。当一个班级的教学方式首次过渡到引导性即兴时，一些学生可能会发现这对他们来说并不像传授主义上课那样容易。事实上，研究证实，学习创造性知识比记忆浅层知识需要付出更多的努力（Brown 等，2014）。许多学生习惯了有更多程序的课堂，当要求他们即兴发挥时，他们不知道该怎么做。引导性即兴教学既模糊又不可预测，为此许多学生会感到焦虑，这与教师第一次开始用这种方式教学时的焦虑是一样的。正如我在第二章和第三章中所提到的，学生利用引导性即兴学习时，他们会遇到死胡同，会失败，而且会比传授主义学习多花很多时间。起初，他们会要求你给他们提供更多的程序和细节，并且想更清楚地知道你的要求。拒绝学生可能很难，但重要的是不要给他们的创造性探索增加太多的程序。过多引导会阻碍学生参与即兴的、不断向前发展的学习（Kind 和 Kind，2007）。

我认为说服学生不会花太长时间。在我自己的课上，我在学期的第一周就告诉他们我将使用项目式教学法进行教学。我给学生发了一份简短的讲义，其中包括研究概述，表明传授主义是无效的学习，引导性即兴才是有效的学习。我发现，他们愿意尝试。毕竟，学生已经厌倦了传授主义。对高中生的调查显示，他们希望教师不再照本宣科。他们希望课堂学习使用基于发现、问题和探究的课程（Agarwal，2001）。如果你如实地告诉学生你在做什么和为什么，就不难说服他们了。

家长们也会对这种新的教学法提出质疑。许多人只体验过传授主义教学。这可能是他们自己对学校的记忆。当你仔细地从传授主义课堂的视角看，你会发现创造性的课堂有时似乎失去了控制。约克学校的教师凯文·布鲁克豪斯（Kevin Brookhouser）说，刚来学校参观的人认为他们看到的是"贫瘠的土地"（见第一章）。家长可能会认为课堂教学管理不善，教师没有有效地利用上课的时间。

一旦学校完成转型，家长就成了最大的支持者。南卡罗来纳州改革倡议（TransformSC initiative）就是很好的例子。南卡罗来纳州2012年的一份报告发出了警告：他们的学生没有真正在学习。教育家们接受了挑战。他们与政界人士、商界领袖还有家长联合起来，创造了一个新愿景，他们称之为"南卡罗来纳州改革"（sccompetes.org/transformsc/）。学校需要彻底的文化变革。家长、学生、商界领袖、政治家，甚至一些教师都持有根深蒂固的传授主义文化观念。南卡罗来纳州改革倡议的早期起草者之一莫里亚·杰克逊（Moryah Jackson）说，"改变文化很难。每个人都知道学校通常是什么样子，所以南卡罗来纳州改革倡议和学校有很强的联系。当我们开始讨论完全重新设计一座建筑，让它看起来不再像一所学校时，我们就会在社区里遇到一些新问题。"（Robinson 和 Aronica，2015，pp.229–230）一些家长担心引导性即兴不够严谨。

> 创新文化有助于培养尝试新想法的自由、允许失败、获得必要的资源、提供培训、发展必要的技能、利用合作，以及得到广泛的支持。
>
> ——摘自《南卡罗来纳州创新倡议规划文件》（2012年，第11页）

杰克逊和其他人都受到几所学校的启示，这几所学校的文化变革得都很快。南卡罗来纳州莱科斯因顿的河布拉夫斯高中（River Bluffs High School）是其中一所学校。它是为创造性学习量身定制的学校。学校里没有课本，学生从探索和项目工作中学习。因为没有课本，学校走廊就不需要一排排储物柜。但不知为何，我们都希望学校的走廊里有储物柜。有些人抱怨，没有储物柜看起来就不像学校。杰克逊听到一位家长不屑地说："这看起来像星巴克。"但学校的成绩数据一出来，家长们就成了学校的热情支持者。河布拉夫斯高中以及同类学校非常成功，其他学校也纷纷开始进行变革。截至2019年，南卡罗来纳州改革的网页上有来自23个学区和6个完整学区的65所学校进行了变革（Robinson 和 Aronica，2015，pp.227 及其他各章节；South Carolina Innovation Initiative Steering Team，2012）。

创新型学校的领导力

在向创新型学校过渡的过程中，教师发挥着关键作用。但是，光靠教师的力量是不够的。他们需要校长、地区领导，甚至当地政府和州政府的支持。创新型学校的领导者需要支持创造性课堂的教学，并倡导学校使用这种新的教学方式。商业领袖和政治家表示，我们的孩子需要学习 21 世纪的技能，学校需要有创造力的毕业生来从事当今的工作是很常见的。但这些商人和政客通常并不知道，相关研究表明创新型学校需要一种新的课堂，重新设计的课程，还需要注重创造性知识的新评价方式。相反，他们认为学校只需要把传授主义的教学工作做得更好就可以了。有时他们认为，学校应该扩大教材所覆盖的内容来证明学生比以前学得更多。但是，随着覆盖面的扩大，学生只是学到了更多浅层知识，并没有在创造性学习方面取得任何进展。讽刺的是，正如第二章中所说的，最近许多关于"创造力"的政策倡议最终降低了学生的创造性。它们迫使教师使用太多的程序，他们只评价浅层知识，这就阻碍了促进创造性知识的教学。

　　在对 1000 多名教师的采访中，研究人员玫琳凯·施莱克（Mary Kay Schrek, 2009）问他们："是什么阻碍了你在课堂上更有创造力？"最常见的答案是，自上而下的教学结构限制了课堂上的即兴教学。一位教师说："我们区的课程有一套循序渐进的指令。教师不允许偏离单元中的目标或活动。我们有六天时间完成每个单元。每一天都计划好了 10 分钟、15 分钟、20 分钟和 30 分钟的间隔，每一间隔都有具体规定。这真的是限制了创造力！"其他教师说，他们的学校要求他们使用特定的教科书、课程和教学计划。学校禁止教师使用未经官方批准的补充材料。在所有这些自上而下的限制下，教师无法进行即兴的教学计划（见第三章），因为他们必须坚持使用脚本。当学校强行使用基于脚本的教学法时，教师就不能引导学生进行即兴来获得创造性的知识。

在创新型学校里，领导者知道教师需要强有力的持续不断的支持。尤其是在转型初期，领导者需要努力代表教师进行宣传。

创新型学校的领导者

寻找你们学校领导的这些行动：

- 学校领导昭示天下："我们是一所具有创造力的学校！"他们经常大声公开地说出来。
- 学校领导理解创造性知识和浅层知识之间的区别。他们孜孜不倦地倡导将创造力作为核心学习成果。
- 学校领导为教师提供专注于创新教学的专业发展机会。
- 学校领导建立了广泛认可的和奖励创造性教学的制度。
- 学校领导了解创造性课堂的构成。他们准备说服父母和其他利益相关者，引导性即兴是基于研究的，是对学习有效的。
- 学校领导欢迎关于如何使学校更有利于创造性教学和学习的建议。
- 学校领导知道教师需要在课堂上不断进行实验。这将导致教师偶尔犯错并遇到死胡同。当这种情况发生时，学校领导需要支持教师。
- 学校领导通过实验、反复探索和寻找一条非线性的创新之路，在自己的工作中展现出他们对创造性思维和行为的奉献精神。

（改编自 Schrek，2009，p.126）

创新型学校的组织结构

86 目前许多学校的组织结构都是为传授主义教学而设计的。但在创新型学校中，这些结构看起来非常不同。

每日时间计划表。在传授主义学校里，每节课的长度完全一样。假设学习只是覆盖尽可能多的知识块，当你把学习过程设想成直线性的，那么每天的课程就只是朝着"教授知识"的目标又迈进了一步。在创新型学校里，进行开放式项目教学的时间总是比传统课堂的 50 分钟长，这些项目能产生创造性知识。项目式学习在 90 分钟以上效果最好。圣地亚哥的一所公立学校高科技高中（High Tech High，HTH），其所有课程都采用项目式教学。学校把每天分成较长的时间模块，以推动创造性学习的持续参与（Robinson 和 Aronica，2015，pp.128-129）。

学校科目。在传授主义学校，学生在课堂和班级里的学习都只专注于一个科目。这种教学方法假设知识和学习是可以分割的，并且能独立存在的（见第二章）。但最具有创造性的观点通常来自跨学科之间的连接。创造性知识通常包括两个或更多不同领域共享的概念框架。在创新型学校里，课程可能不会被划分成不同的科目。每天可能上课时间很少，每节课都结合了多学科内容——这些内容彼此联系在一个复杂的概念框架中。

课堂。 当你把传授主义抛在脑后时,就不再有课堂讲授了。大学不再需要讲堂,教室不再需要一排排的课桌。这就是为什么最具创新精神的学区正在建设新学校的原因,新学校的设备能够重新配置学习空间,支持项目式学习。顶级学校的设备制造商——Steelcase 和 Herman Mill——这两家公司现在雇佣的教育专家已经阅读了我在本书中谈到的很多相同研究。他们都预计学校将抛弃传授主义,只是不知道这种转变会在多长时间内发生,但不会太远,他们想时刻做好准备。公司目前出售不带课桌的椅子(使学生更容易积极移动并在小组中合作)和带轮子的桌子(使学生可以组合和重组小组)。他们还出售"音乐架",旨在向小组展示平板电脑上的内容(Nair, 2014)。

例如,圣地亚哥的高科技高中就没有传统教室。相反,他们用各种创造性的学习空间取代了课桌和讲台。其中包括项目工作室,团队在这里规划与构建模型和原型;视频、生物技术、动画和工程建设实验室;用于会议和汇报的会议室;以及私人工作室,11—12 年级的学生每天会在工作室里花几个小时进行自主学习的项目(Pearlman, 2002, 2004)。

改变文化和领导力很难,但至少不需要你买很多新东西。相比之下,结构性变革代价高昂。学校在已有设备上投入了大量资金,大多数学校没有购置新设备的预算。结构性变化对行政部门和工作人员也是一个挑战。按照传授主义学校里严格的教学计划,分配教室和教师、告知学生一天的学习计划是十分容易的。

我建议你先改变文化和领导力,把组织结构改革留到最后。一旦新的文化和领导层改革完成，能更容易为结构改革及其可能需要的新资源和行政程序提供正当理由。

创新型学校的评价

今天的高厉害考试对创造性知识的学习并不起作用。例如，多项选择题是为浅层知识设计的。浅层知识是分成小块的，每个小块都可以用一个问题进行评价。随着对知识覆盖面的要求增加，为学生必学的每个新知识组块增加一个问题是很容易的。如果你对学校改进的设想只是增加知识覆盖面，那么不必改变考试内容，只要把考试时间变得更长就可以了。

但是对浅层知识的考试并不能检验创造性知识。正如我在第一章中所提到的，三分之二的学生不能运用要求的勾股定理来解决问题，尽管许多人可以在课堂上使用该公式进行计算。就学校的官僚文化而言，一旦教师在课堂上给学生"讲过了"知识，学生在课堂上"掌握"了知识，他们就"学会"了这个定理。但学生们只能用他们的浅层知识来解决和他们所学的完全一样的问题。

与传统学校一样，创新型学校也需要进行评价。但认为所有考试都是与创造力格格不入则是一种误解；只是传授主义的考试无法对创造力进行评价。即使在创新型学校，教师和学生也需要知道他们做的事情是否有效。创造力研究人员努力开发了一种该领域通用的创造力评价方式，然而只取得了一些很有限的成功（Kaufman，Plucker 和 Baer，2008；Sawyer，2012）。但学校不需要等待研发通用的创造力考试方式。正如我在第二章中所提到的，我们需要在每一门学科中教授创造力，为了评价学生对创造性知识的学习，我们需要改变我们评价学科领域知识的方式。

你能拯救老鹰吗？

华盛顿大学的学习科学家约翰·布兰斯福德（John Bransford）教授将五年级学生与大学生的创造性知识进行了比较。他对两组学生提出了一个他们从未考虑过的问题："制定一个全州范围内的恢复计划来保护老鹰。"布兰斯福德非常肯定五年级学生和大学生的计划都不会很全面，因为他们还没有学到需要的实际知识。如他所料，大学生的解决方案和五年级学生如出一辙：都是无效方案。大学生们似乎在动物学和生物学课上什么知识都没学到。

但布兰斯福德进行了第二次测试来评价他们创造性思维的能力。所有学生都有机会提出问题，这些问题将为他们提供一些所需信息来制定有效的老鹰恢复计划。五年级学生问了一些关于老鹰的简单问题，比如"它们喜欢吃什么？它们有多大？"相比之下，大学生们问了一些关于复杂的生态系统问题，比如"老鹰适

> 合什么样的生态系统？""在找回老鹰之前，还需要找回其他动物吗？"他们甚至询问了有关法律和政治动态的问题。
>
> 　　大学生们学到了创造性知识：对如何思考有了更深刻的理解。这种创造性的知识并没有在评价浅层知识的考试中显示出来。但布兰斯福德的新评价显示，他们已经学会了创造性理解。
>
> （Bransford 等，2005，p.71；Bransford 和 Schwartz，1999）

　　为了评价创造性知识，我们可以采用已投入使用的捕获创造性知识的两个有效评价方法：大学工作准备评价（the College Work Readiness Assessment，CWRA）以及国际学生评估项目（the Program for International Student Assessment，PISA）。

　　CWRA 的评价方式是：向学生呈现一个开放式问题，并要求学生在 90 分钟内解决。经典的开放式问题包括"要求学生探讨社区卫生诊所如何满足不断增长的移民人口，或如何管理人口增长造成的交通拥堵问题"。特拉华州的独立私立学校圣安德鲁多年来一直使用 CWRA 来评价学生的进步，并向教师提供关于如何更好地进行创造性知识教学的反馈。学术院长约翰·奥斯丁（John Austin）表示当教师培养学生的创造性学习时，CWRA 的结果会令老师感到满意。对学生所学的浅层知识进行测验无法告诉他他想知道的东西："我们是否在教导我们的学生进行明智的和批判性的思考，不仅仅是跟随，而是找到新的思考方式？"（Silva，2009，p.632）

PISA 是由美国与其他 30 多个国家合作开发的。每个国家都使用本国语言的版本，该评估的设计全球通用，因为没有单独针对任何一个国家的文化或历史设计问题。PISA 每三年对这些国家中的 15 岁学生进行抽样调查；2015 年，有 70 多个国家或地区参与评估。美国学生的分数处于中间位置，差不多达到 72 个国家或地区的平均水平（Ripley，2013）。

评价创造性知识

像 PISA 和 CWRA 一样，还有其他几种考试关注创造性知识，而不是浅层知识。

档案袋评价。在纳帕的新技术高中（New Technology High School，NTHS），和圣地亚哥的高科技高中一样，学生要在四年时间里完成数字化作品集，并在学校网站上公布。这些作品集展示了他们的项目工作、实习反思、教师评价以及家长和同学的评论。你可以在 NTHS 的网站上看到学生的作品集案例（/www.newtechhigh.org/portfolio）。

动力源（PowerSource）。该测试由加州大学洛杉矶分校的 CRESST 研究小组开发，测量复杂的思维和判断能力。它符合加州中学初等代数学习的数学标准。评价的形式是叙述性主题或图画小说。它已经在 70 多所学校进行了测试（Silva，2009）。

国际文凭课程（International Baccalaureate Diploma Program，

> IB）是一个为期两年的学习课程，应用于130个国家的2 000多所学校。国际文凭组织在每个科目中教授和评价创造性知识。评价包括一些选择题，但也包含开放式问题、需要进行数据分析的问题、案例研究和论文问题（International Baccalaureate Organization，2004）。

一些美国教育工作者对这些评价测试不屑一顾，他们认为 PISA 只是另一种对浅层知识的测试，没有真正评价我们希望学生学习的东西。但事实上，PISA 的目的就是评价创造性知识。根据我对 PISA 的研究，它在测量创造性知识方面比大多数测试做得更好。PISA 可以评价学生解决问题的能力，以及他们运用创造性知识进行批判性思考的能力。做多选题时，它会要求学生写几句话解释他们的答案。经验丰富的评分员根据这些解释来评价他们的理解程度。

PISA 和 CWRA 都是著名的评价测试，它们在评价创造性知识方面做得很好。但应用起来的最大障碍是两种测试的使用成本都很高。与传统测试相比，CWRA 和 PISA 的成本人均约是前者的40倍。评价浅层知识的多选题测试每次成本还不到一美元（Government Accounting Office，2003）。用 CWRA 进行评价，每个学生的成本高达40美元（Silva，2009）。而在 PISA 测试中，经验丰富的评分员给一名学生的测试打分大约需要一个小时（Ripley，2013）。创造性知识的测试在管理和评分方面会花费更多。我从未看到过运用选择题、纸笔测试,并用电脑评分的创造性知识测试。

当学校开始使用像PISA和CWRA这样的测试时,所有人会发现传授主义教学法的失败。通过引导性即兴来学习创造性知识的学生在创造性知识的评价中表现得非常好(Grossman, Schoenfeld和Lee, 2005, p.221),并且他们在浅层知识的测试中表现得同样好,有时甚至更好。一旦你发现这些学生并没有完全"覆盖"到他们测试的所有内容,而传统教授的学生却"覆盖"了所有内容,这的确令人震惊。如果一所学校只评价学生的浅层知识,就看不到引导性即兴教学更好的效果。如果测试结果相同,领导们会问,为什么要努力改变文化、改变学校的日程安排、改变我们的管理方式?学校领导可能会认为这不值得花费额外的时间和精力。

但说服一所学校花40倍的价格去测试是一件很难的事情,除非你证明它是有效的。为了证明引导性即兴的优越性,你可以从低成本的方法开始。选择一组人数少且有代表性的学生样本,用引导性即兴来教他们。然后测试这些学生,并将他们的表现与继续使用传统传授主义教学的学生进行比较。当你测试创造性知识时,引导性即兴的效果是显而易见的。

南卡罗来纳州哥伦比亚市的基尔斯小学(Keels Elementary School)已经转变成为一所创新型学校,学生们正在不断成长(Darling-Hammond等, 2008, pp.200-204)。基尔斯小学展示了这种新文化、新领导力、新结构和新评价方式带来的可能。基尔斯小学在一个军事基地附近,每年都有特别多的新生,因为军人家庭会被转来基地或从基地转出。

当地学生群体大部分是有色人种学生，家庭收入远低于平均水平。由于学生分数低，这所学校在20年前几乎面临关闭。当受到关闭的威胁时，就面临着必须进行改变或就此灭亡的抉择，基尔斯选择了改变。改造花了4年时间，但十分有效。学生的考试成绩快速提高，这并不是因为他们挑选了最好的学生：一半的孩子在进入基尔斯时还没有达到幼儿园的准备标准。但一年级结束，超过90%的孩子都达到了标准。

基尔斯的领导们对创造性教学做出了坚定承诺。校长授权教师作为专家，他们也拥有所需要的支持和承诺。他们合作设计了一种新的教学方式，包括以下变化：

- 课堂中的跨学科合作学习
- 阅读、写作、数学和科学的综合教学
- 社会研究中问题式学习法
- 基于计算机的学习单元
- 辅导和监督作业的课后项目

教师们开发了新的测试来评价深度的、具有适应性和创造性的知识，取代了浅层知识的测试。例如，他们开始使用课堂表现和作品集来评价科学课。

基尔斯小学拥有与创造性学校相关的文化、领导力、结构和评价方式。它向我们展示了如何重新设计学校以支持创造性教学。

小　结

创新型学校，如河布拉夫斯高中和基尔斯小学，与传统学校有着天壤之别。他们几乎改变了传统教学的一切：

- 文化改变：他们的文化鼓励教师的创造力、促进教师之间的合作。
- 领导力改变：他们的领导给予教师自主权，支持他们的创造力教学。
- 组织结构改变：他们有不同的组织结构。教师和学生的工作是有组织的，以支持教师之间灵活协作，甚至进行跨学科协作，多样化的课堂设计以及支持引导性即兴教学的每日时间计划表。
- 评价方式改变：扩展和深化评价，从而解释和奖励每个学科的创造性知识。

本书中的例子表明，任何学校都可以在任何领域对所有学生进行创造性教学。在这些学校里，教师拥有他们所需要的自主权来制定灵活的教学计划，并在每堂课上即兴调整。学校领导给予教师灵活性，

92　让他们在单元学习中即兴发挥出能优化每个学生学习轨迹的方法。

　　但最重要的是——不仅仅是文化、领导力、结构和评价方式——学校需要知道如何引导课堂即兴教学以及致力于培养教授创造性知识的教师。在第六章中，我会描述如何与其他教师一起努力建立未来的创新型学校。

第六章　行动起来

在创造性的教室里，学生学习他们需要的学科知识——这些知识和传统课堂上要学的知识一样，但他们却以一种截然不同的方式学习：他们学习创造性的知识。要在一门学科中富有创造力，你必须做好深入学习的准备，从而使你学到的东西能应用到新的情境中，同时建立在以往的知识基础上去创新。传统的课堂教学是为浅层知识的学习而设计的，这些浅层知识包括一些固定的、权威的与不变的事实和程序。当然，学生需要学习很多事实和程序来掌握一门学科。如果你没有学好每个学科中的许多重要的事实和程序，你就不能在一门学科中具有创造性。毕竟，学生不需要从零开始重新创造所有的人类知识；创造力是建立在前人积累的知识基础上的。但在21世纪，学生仅仅记住现有的知识是不够的。我们需要让我们的学生准备好用他们正在学习的知识来发挥创造力。

为了让学生学会发挥创造力，我们必须改变教学方式的方方面面。

我们不能只增加更多的艺术课程，同时还继续以同样的传统方式教授科学和数学。我们不能只对学生进行创造力培训，如果他们继续只学习他们学科中的浅层知识，学生根本无法凭借浅层的知识发挥创造力。创造力需要不同类型的学科领域知识：包括更深刻的概念理解的创造性知识、创建和使用解释模型的能力以及建立互相联系的信息网络。创造性知识具有灵活性和适应性。创造性知识支持以新的方式思考、尝试新想法和新方案以及建构新知识。

我分享了一些大力实践创新教学的学校的故事，描述了公立学校和私立学校、郊区学校与拥有大量人口和缺乏学位的市中心特许学校的创造性课堂，在每个学科的教学中都展示了创造性课堂的力量，包括历史、数学、第二语言教学和科学。在所有这些例子中，学生比在传统学校中更有效地学习他们的科目。在创造性课堂中学习的学生在每次考试中都表现得更好，同时他们的学习方式也使他们做好准备以发挥创造力。这些例子也向我们展示，我们不需要在创造力和州立课程标准之间做选择。学生在创造性课堂上表现更好。

高创造力教师的七个习惯

1. 富有创造力的教师倾听学生的声音。他们以学生的行动为基础指导课堂即兴。

2. 富有创造力的教师是灵活的思想家。他们愿意改变他们的计划以应对意外的发展或新信息。

> 3. 富有创造力的教师是问题的解决者。他们可以从新的角度解决问题；他们可以在信息不完备的情况下处理问题，即使处于模糊或混乱的环境下。
>
> 4. 富有创造力的教师富有同理心。他们可以从他人的角度看问题。
>
> 5. 富有创造力的教师欢迎幽默。他们创造的情境是有趣的；他们能识别有趣的想法和情境；他们可以自嘲。
>
> 6. 富有创造力的教师清楚他们的思维方式和行为方式。他们反思什么是有效的，以及下次如何调整他们的教学。
>
> 7. 富有创造力的教师将失败视为学习的机会。
>
> （Schrek，2009，pp.102-103；借鉴自 Costa 和 Kallick，2008，pp.395-401）

我从最新的科学研究得出结论，学生学习创造性知识最有效的途径是通过一种我称之为引导性即兴的教学法。这种教学法与许多基于研究的课程创新有关，这些创新研究包括建构主义、小组协作、项目式学习、设计思维、严肃游戏（serious game，一种以应用为目的的电子游戏）和探索性创客活动。引导性即兴建立在这些成功的创新之上，并就如何设计课程计划以及如何在课堂上与学生互动为教师提供实用建议。很多这样的建议都受到即兴剧场的启发。在即兴表演中，演员在没有剧本的情况下创作他们的对话。表演的流程在观众面前逐渐展开。这个过程是不可预测的,甚至连表演者也不知道接下来会发生什么。不确定性可能是可怕的!事实上,如果根本没有任何结构,表演可能会是漫无目的地游荡,观众会感到困惑或无聊。这就是为什么演员制订了一套规则和开放式计划来指导每场表演。他们一起即兴创作,但这些松散的计划和规则指导他们的即兴创作取得更大的成功。舞台演员和爵士音乐家都知道,即兴创作总是在松散和开放式结构的引导下进行的。

在创造性课堂中,学生们一起即兴创新,探索开放式问题——进行探究和实验——并建构自己的解决方案。但这些课堂即兴并不是混乱和漫无目的的。教师所提供的脚手架引导着学生的即兴发挥。学生们通过学习轨迹即兴选择自己的路径,但每个学生的道路通向对所需学科领域知识的掌握。

相关的研究是令人信服的:学生从引导性即兴中学习得更好。传授主义是无效的,尤其是在教授学生 21 世纪所需的创造性知识方面。那么为什么我们在这么多学校中仍然可以找到传授主义式教学呢?我认为它能一直存在的主要原因是,它是可以预见的,并且是线性的。对学生来说也更容易。当你知道你应该学习什么时,你就可以沿着一条直线、径直的路径走下去并获得答案。但是学习科学家发现有效的学习比单纯的记忆需要付出更多的努力。对于教师来说,引导性即兴比传授主义更具挑战性,因为"引导"和"即兴"总是处于冲突的状态。在创造性课堂中,教师是熟练的专业人士,他们每天都在处理这种冲突。他们准备好了面对创造性教学的挑战。富有创造力的教师意识到，与脚本化的线性课程计划相比，引导性即兴可以带来更好的学习效果。有创造力的教师知道如何引导学生设计开放式问题的解决方案。在创造性课堂中，学生以一种能发展他们创造潜力的方式来学习学科知识。

在第一章中，我描述了我们今天面临的挑战：许多学校都选择了一种我称之为传授主义的无效教学法。在这些传统学校中，学生被动地记忆事实和程序，然后再测试他们是否记住了。传授主义课堂通常是结构化的、有组织的。课程计划总是在规定好的路径上进行，学生学习每天规定的材料。每个人以相同的顺序学习相同的东西。这听起来是令人放心的，并且是很熟悉的；毕竟，我们大多数人读的就是这种类型的学校。但研究反复表明，传授主义是无效的。学生不明白他们在学什么，他们不知道为什么要学，并且学完马上就忘记了。学生没有学会发挥他们的创造力。

在第二章中，我将创造力定义为一种基于创造性知识的思考方式：创造性知识包括对复杂概念、模型和框架的深度理解。要在一门学科上有创造性，你需要掌握这门学科的创造性知识。传授主义永远不能为创造力而教学，因为它是为一种肤浅的知识而设计的，我称之为浅层知识。浅层知识是固定的和僵化的；它是孤立的和分隔的。创造性知识在各方面都不同于浅层知识。它是深刻的而不是肤浅的；它是复杂的而不是简单的；它是相关联的而不是分隔的；它是灵活的而不是固定不变的。创造性知识支持在新的、意想不到的情况下思考和行动。创造性知识能为学生未来的学习做好准备。

创造性课堂是教与学的未来。在每个学科中，最新的标准和评估都要基于创造性知识。在科学方面，《下一代科学标准》聚焦于创造性知识——包括七个跨学科概念（crosscutting concepts），如模式和系统模型（见第二章）。在数学方面，共同核心州立标准（Common Core State Standards，CCSS）强调数学思维——创造性地解决课堂上没有遇到过的新问题的能力。在历史课上，则要求学生学习广泛的、普遍应用的概念，包括随时间的变化（什么导致变化，变化以什么样的形式发生？随着时间的推移，每个特定事件是如何促成变化的模式的？）和相互矛盾的个人讲述（一个人在社会中的地位如何影响他们怎样看待同一事件？我们如何解释和协调不同的讲述？）。在创造性课堂中，学生将按照21世纪的标准学习。

在第三章中，我描述了引导性即兴，这是一种基于研究的教学法，这种教学法教授学生创造性的知识。学生面临的开放式问题没有显而易见的解决方案，也没有明确的线性路径通向答案。教师给予学生积极建构自己知识的自由，因为他们即兴找到了一条非线性路径来解决问题。但是学生也不是彻底的自由。他们在教师的引导下沿着学习轨迹向前发展。在整个课程期间，教师与学生一起即兴，并提供指导，这种指导是基于每个学生的反馈。即兴的不确定性是充满压力和挑战的，尤其是与传授主义课堂的可预测和线性流程相比。为了帮助教师学习即兴，我描述了即兴演员使用的各种技巧。我展示了如何在你的课堂上调整这些技巧，以帮助你更适应有引导的即兴教学。

在创造性课堂中，结构和即兴发挥总是处于冲突状态。我把这种冲突称为教学悖论，因为它是不可避免的，而且没有单一的、正确的平衡。最有效的平衡是保持这种持续的变化，具体取决于你的课程目标、学科、学生以及学生在学习轨迹中的位置。在第四章中，我描述了六种不同学习环境中的引导性即兴，包括创客空间、科学中心和项目式学习课堂。这六个中的每一个案例都通过结构和即兴的不同平衡来解决教学悖论。但在每种情况下，这种平衡都适合学科、预期的学习结果和学生的理解水平。

在第五章中，我描述了创造性课堂蓬勃发展的学校。这些学校协调了一切支持创新教学和学习的要素：文化、领导力、结构和评价。传统的传授主义学校不是这样设计的，它们中的许多将需要经历巨大的转变。我举了一些成功转型的学校的例子，介绍了支持教师进行创造性教学的学校文化和组织结构。

教师在这种变革中扮演着重要的角色，但是单独依靠一位教师是完成不了的。学校的变革需要共同的努力。致力于创造性教学的教师走在一起，共同建立新的学校文化和结构以支持创造性课堂。像基尔斯小学（第五章）这样的创新型学校，教师们不断合作，他们更有可能观摩彼此的课堂教学。教师之间相互观课，他们的教学能力得到提高，学生也学得更好——正如 2015 年对迈阿密戴德县 900 名公立学校教师的研究发现，在有更多和更好的教师协作的学校，学生学习得更有效。当教师们认为他们的合作是"广泛的"和"有帮助的"时，学生的考试成绩也是最高的。与没有协作文化的学校相比，有协作文化的学校的教师一年比一年进步得更多（Ronfeldt, Farmer, McQueen 和

Grissom，2015）。

  教师合作是世界上最好的学校取得成功的关键。国际考试中获得最高分国家的学生，教师们更有可能互相观课（Ripley，2013，p.216）。例如，日本、中国、澳大利亚和新西兰这些国家流行广泛采用教学研究（lesson study，即我们所说的教研，译者注）中的合作实践。在教学研究中，教师们集体备课。然后他们在一位教师教新课时集体听课。之后他们会反思什么是有效的以及他们如何改进他们的新课程设计（Watanabe，2002）。当教师们在一起工作时，每个人的课堂在培养创造力方面都变得更加有效。教师分享有效的教学策略和课程计划，有效地平衡教学悖论。教师进行实验改革，失败时他们也不会隐藏。他们分享哪些是有效的，哪些是无效的。他们与其他教师合作建立21世纪创新型的学校。

  在创造性课堂中，学生理解他们正在学习的内容。他们在解决新问题时创造性地思考，并使所学的知识能适应新的情境。在创造性课堂中，学生在学习学科领域知识的同时也学会了创造力。他们准备在注重创造性知识的新评价中取得成功。他们已经做好了准备，为改变世界作出创造性的贡献。

参考文献

Abrahamson, D., & Lindgren, R. (2014). Embodiment and embodied cognition. In R. K. Sawyer (Ed.), *The Cambridge handbook of the learning sciences* (2nd ed., pp.358−376). New York, NY: Cambridge.

Adams, J. L. (2001). *Conceptual blockbusting: A guide to better ideas* (4th ed.). New York, NY: Norton. (Original work published 1974 by the Stanford Alumni Association)

Agarwal, P. K. (2001, November). If I could make a school. *Learning and Leading with Technology, 29* (3), 28−31, 41.

Agarwal, P. K. (2019). Retrieval practice & Bloom's taxonomy: Do students need fact knowledge before higher order learning? *Journal of Educational Psychology, 111* (2), 189−209. Retrieved from eric.ed.gov/?id=EJ1205208.

Allen, S. (1992). Student-sustained discussion: When students talk and the teacher listens. In N. A. Branscombe, D. Goswami, & J. Schwartz (Eds.), *Students teaching, teachers learning* (pp.81−92). Portsmouth, NH: Boynton/Cook.

Anderson, L. W., & Krathwohl, D. R. (Eds.). (2001). *A taxonomy for learning, teaching, and assessing: A revision of Bloom's taxonomy of educational objectives*. New York: Addison Wesley Longman, Inc.

Azmitia, M. (1996). Peer interactive minds: Developmental, theoretical, and methodological issues. In P. B. Baltes & U. M. Staudinger (Eds.), *Interactive minds: Life-span perspectives on the social foundation of cognition* (pp.133−

162). New York, NY: Cambridge University Press.

Baer, J. (1996). The effects of task-specific divergent-thinking training. *Journal of Creative Behavior, 30*(3), 183−187.

Baker-Sennett, J., & Matusov, E. (1997). School "performance": Improvisational processes in development and education. In R. K. Sawyer (Ed.), *Creativity in performance* (pp.197−212). Norwood, NJ: Ablex.

Barnes, D., & Rosen, H. (Eds.) (1969). *Language, the learner and the school*. Baltimore, MD: Penguin. (Revised edition, 1971).

Bearison, D. J., Magzamen, S., & Filardo, E. K. (1986). Socio-cognitive conflict and cognitive growth in young children. *Merrill-Palmer Quarterly, 32*(1), 51−72.

Beghetto, R. A. (2009). In search of the unexpected: Finding creativity in the micromoments of the classroom. *Psychology of Aesthetics, Creativity, and the Arts, 3*(1), 2−5.

Bell, D. (1973). *The coming of the post-industrial society: A venture in social forecasting*. New York, NY: Basic Books.

Belland, B. R., Walker, A. E., & Kim, N. J. (2017). A Bayesian network meta-analysis to synthesize the influence of contexts of scaffolding use on cognitive outcomes in STEM education. *Review of Educational Research, 87*(6), 1042−1081.

Berliner, D. C. (1987). Ways of thinking about students and classrooms by more and less experienced teachers. In J. Calderhead (Ed.), *Exploring teachers' thinking* (pp.60−83). London, United Kingdom: Cassell Education Limited.

Berliner, D. C., & Tikunoff, W. J. (1976). The California beginning teacher study. *Journal of Teacher Education, 27*(1), 24−30.

Berliner, P. F. (1994). *Thinking in jazz: The infinite art of improvisation*. Chicago,

IL: University of Chicago Press.

Bloom, B. S., Engelhart, M. D., Furst, E. J., Hill, W. H., & Krathwohl, D. R. (1956). *Taxonomy of educational objectives: The classification of educational goals. Handbook 1: Cognitive domain.* New York, NY: Longman, Green.

Boote, D. N. (2004, April). *Teachers' professional discretion and the curricula.* Paper presented at the annual meeting of the American Educational Research Association, San Diego, CA.

Borko, H., & Livingston, C. (1989). Cognition and improvisation: Differences in mathematics instruction by expert and novice teachers. *American Educational Research Journal, 26*(4), 473–498.

Bransford, J. D., Brown, A. L., & Cocking, R. R. (Eds.). (2000). *How people learn: Brain, mind, experience, and school.* Washington, DC: National Academies Press.

Bransford, J. D., Derry, S., Berliner, D., Hammerness, K., & Beckett, K. L. (2005). Theories of learning and their roles in teaching. In L. Darling-Hammond & J. D. Bransford (Eds.), *Preparing teachers for a changing world: What teachers should learn and be able to do* (pp.40–87). San Francisco, CA: Jossey-Bass.

Bransford, J. D., & Schwartz, D. L. (1999). Rethinking transfer: A simple proposal with multiple implications. *Review of Research in Education, 24*, 61–100.

Brennan, K. (2012). *Best of both worlds: Issues of structure and agency in computational creation, in and out of school* (Doctoral dissertation, Massachusetts Institute of Technology, Cambridge, MA). Available from scholar.harvard. edu/kbrennan/publications/ best-both-worlds-issues-structure-and-agency-computational-creation-and-out.

Bronson, P., & Merryman, A. (2010, July 19). The creativity crisis. *Newsweek*, 44–50.

Brown, M., & Edelson, D. C. (2001, April). *Teaching by design: Curriculum design as a lens on instructional practice*. Paper presented at the annual meeting of the American Educational Research Association, Seattle, WA.

Brown, P. C., Roediger, H. L., & McDaniel, M. A. (2014). *Make it stick: The science of successful learning*. Cambridge, MA: The Belknap Press/Harvard University Press.

Carnegie Corporation of New York. (2009). *The opportunity equation: Transforming mathematics and science education for citizenship in the global economy*. New York, NY: Institute for Advanced Study: Commission on Mathematics and Science Education.

Carretero, M., & Lee, P. (2014). Learning historical concepts. In R. K. Sawyer (Ed.), *The Cambridge handbook of the learning sciences* (2nd ed., pp.587−604). New York, NY: Cambridge University Press.

Cazden, C. B. (2001). *Classroom discourse: The language of teaching and learning* (2nd ed.). Portsmouth, NH: Heinemann.

Chen, C.-H., & Yang, Y.-C. (2019). Revisiting the effects of project-based learning on students' academic achievement: A meta-analysis investigating moderators. *Educational Research Review, 26* (pp.71−81).

Cobb, P. (1995). Mathematical learning and small-group interaction: Four case studies. In P. Cobb & H. Bauersfeld (Eds.), *The emergence of mathematical meaning: Interaction in classroom cultures* (pp.25−129). Hillsdale, NJ: Erlbaum.

Cochrane-Smith, M., & Lytle, S. L. (1999). The teacher research movement: A decade later. *Educational Researcher, 28*(7), 15−25.

Cole, K. C. (2009). *Something incredibly wonderful happens: Frank Oppenheimer and the world he made up*. New York, NY: Houghton Mifflin Harcourt.

Confrey, J. (2006). The evolution of design studies as a methodology. In R. K. Sawyer (Ed.), *The Cambridge handbook of the learning sciences* (1st ed., pp.135–151). New York, NY: Cambridge University Press.

Cooper, M. M., Caballero, M. D., Ebert-May, D., Fata-Hartley, C. L., Jardeleza, S. E., Krajcik, J. S., ... Underwood, S. M. (2015). Challenge faculty to transform STEM learning. *Science Magazine, 350*(6258), 281–282.

Costa, A. L., & Kallick, B. (Eds.). (2008). *Learning and leading with habits of mind: 16 essential characteristics for success*. Alexandria, VA: Association for Supervision and Curriculum Development.

Craft, A. (2005). *Creativity in schools: Tensions and dilemmas*. New York, NY: Routledge.

Creason, D. (2017). *Creativity for Schools: Interview with Kevin Brookhouser*. Unpublished student research, School of Education. University of North Carolina, Chapel Hill, NC.

Cropley, A. J. (1997). Fostering creativity in the classroom: General principles. In M. A. Runco (Ed.), *Creativity research handbook* (Vol. 1, pp.83–114). Cresskill, NJ: Hampton Press.

Dahn, M., Enyedy, N., & Danish, J. (2018, June). *How teachers use instructional improvisation to organize science discourse and learning in a mixed reality environment*. Paper presented at the 13th International Conference on the Learning Sciences (ICLS), London, United Kingdom.

Darling-Hammond, L. (1997). *The right to learn: A blueprint for creating schools that work*. San Francisco, CA: Jossey-Bass.

Darling-Hammond, L., Barron, B., Pearson, P. D., Schoenfeld, A. H., Stage, E. K., Zimmerman, T. D., ... Tilson, J. L. (2008). *Powerful learning: What we know about teaching for understanding*. San Francisco, CA: Jossey-Bass.

Daro, P., Mosher, F. A., & Corcoran, T. (2011). *Learning trajectories in mathematics: A foundation for standards, curriculum, assessment, and instruction*. Philadelphia, PA: Consortium for Policy Research in Education.

Davidson, C. H. (2017, October 27). A newer education for our era. *The Chronicle of Higher Education,* B30–B31.

Davis, E. A., & Miyake, N. (Eds.). (2004). Scaffolding [Special issue]. *The Journal of the Learning Sciences, 13*(3).

Davis, M. (2017). *Teaching design: A guide to curriculum and pedagogy for college design faculty and teachers who use design in their classrooms*. New York, NY: Allworth Press.

DeZutter, S. (2008). *Cultural models of teaching in two non-school educational communities* (Unpublished doctoral dissertation). Washington University, St. Louis, MO.

DeZutter, S. (2011). Professional improvisation and teacher education: Opening the conversation. In R. K. Sawyer (Ed.), *Structure and improvisation in creative teaching* (pp.27–50). New York, NY: Cambridge University Press.

Dillenbourg, P., Järvelä, S., & Fischer, F. (2009). The evolution of research in computer-supported collaborative learning: From design to orchestration. In N. Balacheff, S. Ludvigsen, T. de-Jong, A. Lazonder, & S. Barnes (Eds.), *Technology-enhanced learning: Principles and products* (pp.3–19). Amsterdam, The Netherlands: Springer.

Dimitriadis, Y. A. (2012). Supporting teachers in orchestrating CSCL classrooms. In A. Jimoyiannis (Ed.), *Research on e-learning and ICT in education* (pp.71–82). New York, NY: Springer.

Doise, W., & Mugny, G. (1984). *The social development of the intellect*. New York, NY: Pergamon Press.

Donaldson, J. (2018, April). *Public education and public perceptions of learning.* Paper presented at the annual meeting of the American Educational Research Association, New York, NY.

Drucker, P. F. (1994). The age of social transformation. *The Atlantic Monthly, 274,* 53–80.

EdVenture. (2017). *2017–2018 School Program Guide.* Retrieved from link to Field Trip Guide at www.edventure.org/columbia/educators/field-trips.

Erickson, F. (1982). Classroom discourse as improvisation: Relationships between academic task structure and social participation structure in lessons. In L. C. Wilkinson (Ed.), *Communicating in the classroom* (pp.153–181). New York, NY: Academic Press.

Exploratorium. (n.d.). Field trip chaperone guide: Energy on the move. Retrieved from www.exploratorium.edu/files/pdfs/Energy_on_the_Move-FT_Chaperone_Guide.pdf

Feiman-Nemser, S., & Buchmann, M. (1986). The first year of teacher preparation: Transition to pedagogical thinking? *Journal of Curriculum Studies, 18,* 239–256.

Feldhusen, J. F., & Treffinger, D. J. (1980). *Creative thinking and problem solving in gifted education.* Dubuque, IA: Kendall/Hunt.

Fischer, F., & Dillenbourg, P. (2006, April). *Challenges in orchestrating computer-supported collaborative learning.* Paper presented at the annual meeting of the American Educational Research Association, San Francisco, CA.

Fleith, D. d. S. (2000). Teacher and student perceptions of creativity in the classroom environment. *Roeper Review, 22*(3), 148–157.

Florida, R. (2002). *The rise of the creative class and how it's transforming work, life, community, and everyday life.* New York, NY: Basic Books.

Forman, E. A., & Cazden, C. B. (1985). Exploring Vygotskian perspectives in education: The cognitive value of peer interaction. In J. V. Wertsch (Ed.), *Culture, communication, and cognition: Vygotskian perspectives* (pp.323–347). New York, NY: Cambridge University Press.

Friedman, T. L. (2005). *The world is flat: A brief history of the twenty-first century*. New York, NY: Farrar, Straus, & Giroux.

Gershon, W. (2006). Collective improvisation: A theoretical lens for classroom observation. *Journal of Curriculum and Pedagogy, 3*(1), 104–135.

Getzels, J. W., & Csikszentmihalyi, M. (1976). *The creative vision: A longitudinal study of problem finding in art*. New York: Wiley.

Gobet, F., Lane, P. C. R., Croker, S., Cheng, P. C.-H., Jones, G., Oliver, I., & Pine, J. M. (2001). Chunking mechanisms in human learning. *Trends in Cognitive Science, 5*(6), 236–243.

Government Accounting Office (GAO). (2003). *Title I: Characteristics of tests will influence expenses: Information sharing may help states realize efficiencies*. Washington, DC: Author.

Grossman, P., Schoenfeld, A., & Lee, C. (2005). Teaching subject matter. In L. Darling-Hammond & J. D. Bransford (Eds.), *Preparing teachers for a changing world* (pp.201–231). San Francisco, CA: Jossey-Bass.

Halmos, P. R. (1968). Mathematics as a creative art. *American Scientist, 56*(4), 375–389.

Halverson, E. R., & Sheridan, K. M. (2014). The maker movement in education. *Harvard Educational Review, 84*(4), 495–504.

Hetland, L., & Winner, E. (2004). Cognitive transfer from arts education to non-arts outcomes: Research evidence and policy implications. In E. W. Eisner & M. D. Day (Eds.), *Handbook of research and policy in art education* (pp.135–162).

Mahwah, NJ: Erlbaum.

Hicks, D. (1995). Discourse, learning, and teaching. *Review of Research in Education, 21*, 49–95.

Housner, L. D., & Griffey, D. C. (1985). Teacher cognition: Differences in planning and interactive decision making between experienced and inexperienced teachers. *Research Quarterly for Exercise and Sport, 56*(1), 45–53.

Ingersoll, R. M. (2003). *Who controls teachers' work? Power and accountability in America's schools*. Cambridge, MA: Harvard University Press.

International Baccalaureate Organization. (2004). *Diploma programme assessment principles and practice*. Cardiff, Wales, United Kingdom: Author.

Israel, M., Maynard, K., & Williamson, P. (2013). Promoting literacy-embedded, authentic STEM instruction for students with disabilities and other struggling learners. *Teaching Exceptional Children, 45*, 18–25.

Järvelä, S., & Renninger, K. A. (2014). Designing for learning: Interest, motivation, and engagement. In R. K. Sawyer (Ed.), *The Cambridge handbook of the learning sciences* (2nd ed., pp.668–685). New York, NY: Cambridge University Press.

Jonassen, D. H. (2000). Towards a design theory of problem solving. *Educational Technology, Research, and Development, 48*(4), 63–85.

Kapur, M. (2008). Productive failure. *Curriculum and Instruction, 26*(3), 379–424.

Kaufman, J. C. (2002). Narrative and paradigmatic thinking styles in creative writing and journalism students. *Journal of Creative Behavior, 36*(3), 201–219.

Kaufman, J. C., Plucker, J. A., & Baer, J. (2008). *Essentials of creativity assessment*. New York, NY: Wiley.

Kilpatrick, J., Swafford, J., & Findell, B. (2001). *Adding it up: Helping children learn mathematics*. Washington, DC: National Academies Press.

Kind, P. M., & Kind, V. (2007). Creativity in science education: Perspectives and challenges for developing school science. *Studies in Science Education, 43*, 1–37.

King, P., & Kitchener, K. (1994). *Developing reflective judgment: Understanding and promoting intellectual growth and critical thinking in adolescents and adults*. San Francisco, CA: Jossey-Bass.

Knudsen, J., & Shechtman, N. (2017). Professional development that bridges the gap between workshop and classroom through disciplined improvisation. In S. Goldman & Z. Kabayadondo (Eds.), *Taking design thinking to school* (pp.163–179). New York, NY: Routledge.

Krajcik, J. S., & Shin, N. (2014). Project-based learning. In R. K. Sawyer (Ed.), *Cambridge Handbook of the Learning Sciences* (2nd ed., pp.275–297). New York, NY: Cambridge University Press.

Krathwohl, D. R. (1994). Reflections on the taxonomy: Its past, present, and future. In L. W. Anderson & L. A. Sosniak (Eds.), *Bloom's taxonomy: A forty-year retrospective. Ninety-third yearbook of the National Society for the Study of Education. Part II* (pp.181–202). Chicago, IL: University of Chicago Press.

Kuhn, D. (2015). Thinking together and alone. *Educational Researcher, 44*(1), 46–53.

Lamb, D. H. (2003). *Project based learning in an applied construction curriculum* (Master's thesis). Retrieved from California State University, San Bernardino, Theses Digitization Project (No. 2188), at scholarworks.lib.csusb.edu/etd-project/2188

Lampert, M., Rittenhouse, P., & Crumbaugh, C. (1996). Agreeing to disagree: Developing sociable mathematical discourse. In D. R. Olson & N. Torrance (Eds.), *The handbook of education and human development: New models of learning, teaching, and schooling* (pp.731–764). Cambridge, MA: Blackwell.

Lehrer, R., & Schauble, L. (2006). Cultivating model-based reasoning in science education. In R. K. Sawyer (Ed.), *The Cambridge handbook of the learning sciences* (pp.371–387). New York, NY: Cambridge University Press.

Leinhardt, G., & Greeno, J. G. (1986). The cognitive skill of teaching. *Journal of Educational Psychology, 78*(2), 75–95.

Lobman, C. (2011). Improvising within the system: Creating new teacher performances in inner-city schools. In R. K. Sawyer (Ed.), *Structure and improvisation in creative teaching* (pp.73–93). New York, NY: Cambridge University Press.

Lobman, C., & Lundquist, M. (2007). *Unscripted learning: Using improv activities across the K–8 curriculum.* New York, NY: Teachers College Press.

Mack, R. W. (1987). Are methods of enhancing creativity being taught in teacher education programs as perceived by teacher educators and student teachers? *Journal of Creative Behavior, 21,* 22–33.

Mayer, R. E. (2010). *Applying the science of learning.* Upper Saddle River, NJ: Pearson.

Mayer, R. E., & Alexander, P. A. (Eds.). (2011). *Handbook of research on learning and instruction.* New York, NY: Routledge.

McCain, T., Jukes, I., & Crockett, L (2010). *Living on the future edge: Windows on tomorrow.* Thousand Oaks, CA: Corwin.

Mehan, H. (1979). *Learning lessons.* Cambridge, MA: Harvard.

Moore, M. T. (1985). The relationship between the originality of essays and variables in the problem-discovery process: A study of creative and non-creative middle school students. *Research in the Teaching of English, 19*(1), 84–95.

Nair, P. (2014). *Blueprint for tomorrow: Redesigning schools for student-centered learning*. Cambridge, MA: Harvard Education Press.

National Academy of Engineering. (2013). *Educating engineers: Preparing 21st century leaders in the context of new modes of learning: Summary of a forum*. Washington, DC: National Academies Press.

National Council of Teachers of Mathematics (NCTM). (2000–2004). *Principles and standards for school mathematics: An overview*. Reston, VA: NCTM.

National Research Council (NRC). (1996). *National science education standards*. Washington, DC: National Academies Press.

National Research Council (NRC). (2011). *Successful K–12 STEM Education: Identifying effective approaches in science, technology, engineering, and mathematics*. Washington, DC: The National Academies Press.

National Research Council (NRC). (2012). *A framework for K–12 science education: Practices, crosscutting concepts, and core ideas*. Washington, DC: National Academies Press.

National Research Council (NRC). (2014). *Developing assessments for the Next Generation Science Standards*. Washington, DC: National Academies Press.

National Science Foundation (NSF), National Center for Science and Engineering Statistics (NCSES). (2013). *Women, minorities, and persons with disabilities in science and engineering: 2013* (Special Report NSF 13–304). Arlington, VA: National Science Foundation.

NGSS Lead States. (2013). *Next generation science standards: For states, by states: Vol. 1. The standards*. Washington, DC: National Academies Press.

Nilssen, V., Gudmundsdottir, S., & Wangsmo-Cappelen, V. (1995, April). *Unexpected answers: A case study of a student teacher derailing in a math lesson*. Paper presented at the annual meeting of the American Educational Research Association, San Francisco, CA. Retreived from eric.ed.gov/

?id=ED390853.

OECD. (2008). *Innovating to learn, learning to innovate*. Paris, France: Author.

Olson, D. R. (2003). *Psychological theory and educational reform*. New York: Cambridge University Press.

Owens, T. (1974). *Charlie Parker: Techniques of improvisation* (Unpublished doctoral dissertation). University of California, Los Angeles, CA.

Pai, H., Sears, D. A., & Maeda, Y. (2015). Effects of small-group learning on transfer: A meta-analysis. *Educational Psychology Review, 27*(1), 79–102.

Paley, V. G. (1981). *Wally's stories*. Cambridge: Harvard University Press.

Palincsar, A. S. (1998). Social constructivist perspectives on teaching and learning. In J. T. Spence, J. M. Darley, & D. J. Foss (Eds.), *Annual Review of Psychology* (Vol. 49, pp.345–375). Palo Alto, CA: Annual Reviews.

Partnership for 21st Century Skills. (2019). Framework for 21st century learning. Retrieved from static.battelleforkids.org/documents/p21/P21_Framework_Brief.pdf.

Patrick, H., & Pintrich, P. R. (2001). Conceptual change in teachers' intuitive conceptions of learning, motivation, and instruction: The role of motivational and epistemological beliefs. In B. Torff & R. Sternberg (Eds.), *Understanding and teaching the intuitive mind: Student and teacher learning* (pp.117–143). Mahwah, NJ: Erlbaum.

Pearlman, B. (2002). Designing, and making, the new American high school. *Technos Quarterly, 11*(1), 12–19. Retrieved from web.archive.org/web/20080720110319/, www.ait.net/technos/tq_11/1pearlman.php.

Pearlman, B. (2004). Technology at High Tech High. Retrieved from www.bobpearlman.org/BestPractices/TechnologyatHighTechHigh.pdf.

Pellegrino, J. W., & Hilton, M. L. (2012). *Education for life and work: Developing transferable knowledge and skills in the 21st century*. Washington, DC: National Academies Press.

Perret-Clermont, A. N. (1980). *Social interaction and cognitive development in children*. New York, NY: Academic Press.

Petrosino, A. J. (1998). *The use of reflection and revision in hands-on experimental activities by at-risk children* (Unpublished doctoral dissertation). Vanderbilt University, Nashville, TN.

Pfaffman, J. A. (2003). *Manipulating and measuring student engagement in computerbased instruction* (Unpublished doctoral dissertation). Vanderbilt University, Nashville, TN.

Phelps, E., & Damon, W. (1989). Problem solving with equals: Peer collaboration as a context for learning mathematics and spatial concepts. *Journal of Educational Psychology, 81*, 639–646.

Piirto, J. (2004). *Understanding creativity*. Scottsdale, AZ: Great Potential Press.

Pink, D. H. (2005). *A whole new mind: Why right-brainers will rule the future*. New York, NY: Riverhead Books.

President's Council of Advisors on Science and Technology (PCAST). (2012). Engage to excel: Producing one million additional college graduates with degrees in science, technology, engineering, and mathematics. Washington, DC: Executive Office of the President. Retrieved from files.eric.ed.gov/fulltext/ED541511.pdf

Prieto, L. P., Dlab, M. H., Gutiérrez, I., Abdulwahed, M., & Balid, W. (2011). Orchestrating technology-enhanced learning: A literature review and a conceptual framework. *International Journal of Technology Enhanced Learning, 3*(6), 583–598.

Prieto, L. P., Villagrá-Sobrino, S., Jorrín-Abellán, I. M., Martínez-Monés, A.,

& Dimitriadis, Y. (2011). Recurrent routines: Analyzing and supporting orchestration in technology-enhanced primary classrooms. *Computers & Education, 57*, 1214−1227.

Reiser, B. J., & Tabak, I. (2014). Scaffolding. In R. K. Sawyer (Ed.), *The Cambridge handbook of the learning sciences* (2nd ed., pp.44−62). New York, NY: Cambridge University Press.

Rejskind, G. (2000). TAG teachers: Only the creative need apply. *Roeper Review, 22*(3), 153−157.

Richardson, V. (1996). The role of attitudes and beliefs in learning to teach. In J. Sikula, T. J. Buttery, & E. Guyton (Eds.), *Handbook of research on teacher education* (2nd ed., pp.102−119). New York, NY: MacMillan.

Ripley, A. (2013). *The smartest kids in the world and how they got that way*. New York, NY: Simon & Schuster.

Robinson, K., & Aronica, L. (2015). *Creative schools: The grassroots revolution that's transforming education*. New York, NY: Penguin.

Rogoff, B. (1998). Cognition as a collaborative process. In D. Kuhn & R. S. Siegler (Eds.), *Handbook of child psychology: Vol. 2. Cognition, perception, and language* (5th ed., pp.679−744). New York, NY: Wiley.

Ronfeldt, M., Farmer, S. O., McQueen, K., & Grissom, J. A. (2015). Teacher collaboration in instructional teams and student achievement. *American Educational Research Journal, 52*(3), 475−514.

Sahlberg, P. (2011). *Finnish lessons: What can the world learn from educational change in Finland?* New York, NY: Teachers College Press.

Sassi, A. M., & Goldsmith, L. T. (1995, October). *Beyond recipes and behind the magic: Mathematics teaching as improvisation.* Paper presented at the annual meeting of the North American Chapter of the International Group for the

Psychology of Mathematics Education (PME-NA), Columbus, OH. Retrieved from eric. ed.gov/?id=ED389614.

Sassi, A. M., Morse, A., & Goldsmith, L. T. (1997, March). *What makes for a good beginning? Improvising in an elementary mathematics teacher inquiry group.* Paper presented at the annual meeting of the American Educational Research Association, Chicago, IL.

Sawyer, R. K. (2003). *Improvised dialogues: Emergence and creativity in conversation.* Westport, CT: Ablex/Greenwood.

Sawyer, R. K. (2004a). Creative teaching: Collaborative discussion as disciplined improvisation. *Educational Researcher, 33*(2), 12–20.

Sawyer, R. K. (2004b). Improvised lessons: Collaborative discussion in the constructivist classroom. *Teaching Education, 15*(2), 189–201.

Sawyer, R. K. (Ed.) (2011a). *Structure and improvisation in creative teaching.* Cambridge, United Kingdom: Cambridge University Press.

Sawyer, R. K. (2011b). What makes good teachers great? The artful balance of structure and improvisation. In R. K. Sawyer (Ed.), *Structure and improvisation in creative teaching* (pp.1–24). New York, NY: Cambridge University Press.

Sawyer, R. K. (2012). *Explaining creativity: The science of human innovation* (2nd ed.). New York, NY: Oxford University Press.

Sawyer, R. K. (2013). *Zig zag: The surprising path to greater creativity.* San Francisco, CA: Jossey-Bass.

Sawyer, R. K. (Ed.). (2014). *The Cambridge handbook of the learning sciences* (2nd ed.). New York, NY: Cambridge University Press.

Sawyer, R. K. (2015). A call to action: The challenges of creative teaching and learning. *Teachers College Record, 117*(10), 1–34.

Sawyer, R. K. (2017). *Group genius: The creative power of collaboration* (2nd ed.).

New York, NY: BasicBooks.

Sawyer, R. K. (2018a). The role of failure in learning how to create. *Thinking Skills and Creativity*. Retrieved from doi.org/10.1016/j.tsc.2018.08.002.

Sawyer, R. K. (2018b). Teaching and learning how to create in schools of art and design. *Journal of the Learning Sciences, 27*(1), 137–181.

Schacter, J., Thum, Y. M., & Zifkin, D. (2006). How much does creative teaching enhance elementary students' achievement? *Journal of Creative Behavior, 40*(1), 47–72.

Schmidt, W. A., & McKnight, C. C. (1997). *A splintered vision: An investigation of U.S. science and mathematics education*. Dordrecht, The Netherlands: Kluwer Academic.

Schrek, M. K. (2009). *Transformers: Creative teachers for the 21st century*. Thousand Oaks, CA: Corwin.

Schwartz, D. L., Bransford, J. D., & Sears, D. A. (2006). Efficiency and innovation in transfer. In J. P. Mestre (Ed.), *Transfer of learning from a modern multidisciplinary perspective* (pp.1–51). Greenwich, CT: Information Age.

Schwartz, D. L., & Martin, T. (2004). Inventing to prepare for future learning: The hidden efficacy of encouraging original student production in statistics instruction. *Cognition and Instruction, 22*(2), 129–184.

Schwartz, D. L., Tsang, J. M., & Blair, K. P. (2016). *The ABCs of how we learn: 26 scientifically proven approaches, how they work, and when to use them*. New York, NY: Norton.

Scott, G., Leritz, L. E., & Mumford, M. D. (2004). The effectiveness of creativity training: A quantitative review. *Creativity Research Journal, 16*(4), 361–388.

The Secretary's Commission on Achieving Necessary Skills (SCANS). (1991). *What work requires of schools: A SCANS report for America 2000*. Washington,

DC: U.S. Department of Labor. Retrieved from eric.ed.gov/?id=ED332054.

Serrell, B. (1996). *Exhibit labels: An interpretive approach*. Walnut Creek, CA: Alta Mira Press.

Shechtman, N., & Knudsen, J. (2011). Bringing out the playful side of mathematics: Using methods from improvisational theater in professional development for urban middle school math teachers. In C. Lobman & B. E. O'Neill (Eds.), *Play and performance: Play & culture studies, Vol. 11* (pp.94–116). Lanham, MD: University Press of America.

Shulman, L. S. (1987). Knowledge and teaching: Foundations of the new reform. *Harvard Educational Review, 57*(1), 1–22.

Shulman, L. S. (1999). Taking learning seriously. *Change, 31*(4), 10–17.

Silva, E. (2009). Measuring skills for 21st-century learning. *Phi Delta Kappan, 90*(9), 630–634.

Simon, M. A. (1995). Reconstructing mathematics pedagogy from a constructivist perspective. *Journal for Research in Mathematics Education, 26*(2), 114–145.

Singapore Ministry of Education. (2005). *Engaging our learners: Teach less, learn more*. Retrieved from eresources.nlb.gov.sg/printheritage/detail/dbe9f1f3-efcb-4bce-917b-1040e95ea179.aspx.

Singapore Ministry of Education. (2015). *Nurturing students*. Retrieved from www. moe. gov.sg/education/education-system/nurturing-students.

Smith, R. A. (1979). Is teaching really a performing art? *Contemporary Education, 51*(1), 31–35.

South Carolina Innovation Initiative Steering Team. (2012). *Report and recommendations*. Retrieved from sccompetes.org/project/innovation-initiative-steeringcommittee-report-and-recommendations/.

Spear, K. (Ed.) (1984). Editor's notes. In K. Spear (Ed.), *Rejuvenating introductory courses* (pp.1–9). San Francisco, CA: Jossey-Bass.

Spiro, R. J., Feltovich, P. J., Jacobson, M. J., & Coulson, R. L. (1991). Cognitive flexibility, constructivism, and hypertext: Random access instruction for advanced knowledge acquisition in ill-structured domains. *Educational Technology, 31*(5), 24–33.

Stahl, G., Koschmann, T., & Suthers, D. D. (2014). Computer-supported collaborative learning. In R. K. Sawyer (Ed.), *The Cambridge handbook of the learning sciences* (2nd ed., pp.479–500). New York, NY: Cambridge University Press.

Sternberg, R. J., & Williams, W. M. (1996). *How to develop student creativity*. Alexandria, VA: Association for Supervision and Curriculum Development.

Stevens, R., Ramey, K., Meyerhoff, P., Hilppö, J., Kumpulainen, K., Kajamaa, A., ... Halverson, R. (2018, June). *Exploring the adoption, spread, and sustainability of an informal STEAM learning innovation in schools*. Paper presented at the 13th International Conference of the Learning Sciences (ICLS), London, United Kingdom.

Stigler, J. W., Gonzales, P., Kawanaka, T., Knoll, S., & Serrano, A. (1999). *The TIMSS videotape classroom study* (NCES 99–074). Washington, DC: U.S. Department of Education, Office of Educational Research and Improvement. Retrieved from nces. ed.gov/pubs99/1999074.pdf.

Tan, K., Tan, C., & Chua, J. (2008). Innovation in education: The "Teach Less, Learn More" initiative in Singapore schools. In J. E. Larkley & V. B. Maynhard (Eds.), *Innovation in education* (pp.153–171). Hauppage, NY: Nova Science.

Thomas, J. W. (2000). *A review of research on project based learning*. Novato, CA: Buck Institute for Education.

Torrance, E. P. (1965). *Rewarding creative behavior: Experiments in classroom creativity*. Englewood Cliffs, NJ: Prentice-Hall.

Torrance, E. P. (1970). *Encouraging creativity in the classroom*. Dubuque, IA: W. C. Brown.

Trilling, B., & Fadel, C. (2009). *21st century skills: Learning for life in our times*. San Francisco, CA: Jossey-Bass.

Tsui, A.B.M. (2003). *Understanding expertise in teaching: Case studies of second language teachers*. New York, NY: Cambridge University Press.

Tudge, J., & Rogoff, B. (1989). Peer influences on cognitive development: Piagetian and Vygotskian perspectives. In M. Bornstein & J. Bruner (Eds.), *Interaction in cognitive development* (pp.17–40). Hillsdale, NJ: Erlbaum.

Varian, H., & Lyman, P. (2003). *How much information?* Retrieved from groups.ischool. berkeley.edu/archive/how-much-info-2003/.

Verba, M. (1994). The beginnings of collaboration in peer interaction. *Human Development, 37*, 125–139.

Vogel, G. (1996). Global review faults U.S. curricula. *Science, 274*(5286), 335.

Voss, J. F., & Carretero, M. (Eds.). (1998). *Learning and reasoning in history: International review of history education, Vol*. 2. New York, NY: Routledge Falmer.

Wagner, T. (2012a). *Creating innovators: The making of young people who will change the world*. New York, NY: Simon & Schuster.

Wagner, T. (2012b, Saturday/Sunday April 14/15). Educating the next Steve Jobs. *Wall Street Journal,* p.C2.

Wallis, C. (2017, July 26). To err is human — and a powerful prelude to learning. *The Hechinger Report*. Retrieved from hechingerreport.org/getting-errors-all-wrong/.

Watanabe, T. (2002). Learning from Japanese Lesson Study. *Educational Leadership,*

59(6), 36–39.

Weber, S., & Mitchell, C. (1995). *That's funny you don't look like a teacher! Interrogating images, identity, and popular culture.* New York, NY: Routledge.

Wells, G., & Chang-Wells, G. L. (1992). *Constructing knowledge together: Classrooms as centers of inquiry and literacy.* Portsmouth, NH: Heinemann.

Wertsch, J. V. (2002). *Voices of collective remembering.* New York, NY: Cambridge University Press.

Whitehead, A. N. (1929). *The aims of education and other essays.* New York, NY: Free Press.

Wideen, M., Mayer-Smith, J., & Moon, B. (1998). A critical analysis of the research on learning to teach: Making the case for an ecological perspective on inquiry. *Review of Educational Research, 68*(2), 130–178.

Wiggins, G., & McTighe, J. (2005). *Understanding by design* (2nd ed.). Washington, DC: Association for Supervision and Curriculum Development.

Winne, P. H., & Azevedo, R. (2014). Metacognition. In R. K. Sawyer (Ed.), *Cambridge handbook of the learning sciences* (2nd ed., pp.63–87). New York, NY: Cambridge University Press.

Xin, Y. P., Tzur, R., Hord, C., Liu, J., Park, J. Y., & Si, L. (2017). An intelligent tutorassisted mathematics intervention program for students with learning disabilities. *Learning Disability Quarterly, 40*, 4–16.

Yinger, R. J. (1987, April). *By the seat of your pants: An inquiry into improvisation and teaching.* Paper presented at the annual meeting of the American Educational Research Association, Washington, DC.